Montanha-russa de emoções

Memórias de uma bipolar

Claudia Ayres

Montanha-russa de emoções

Memórias de uma bipolar

Coleção
NOVOS TALENTOS DA LITERATURA BRASILEIRA

São Paulo 2011

Copyright © 2011 by Claudia Ayres

PRODUÇÃO EDITORIAL Equipe Novo Século
PROJETO GRÁFICO E COMPOSIÇÃO S4 Editorial
CAPA Equipe Novo Século
PREPARAÇÃO DE TEXTO Rafael Varela
REVISÃO Fabrícia Romaniv
Marina Pavelosk Migliacci

DADOS INTERNACIONAIS DE CATALOGAÇÃO NA PUBLICAÇÃO (CIP)
(Câmara Brasileira do Livro, SP, Brasil)

Ayres, Claudia

Montanha-russa de emoções : memórias de uma bipolar / Claudia Ayres. – Osasco, SP : Novo Século Editora, 2011. – (Coleção Novos Talentos da Literatura Brasileira)

1. Crônicas brasileiras I. Título. II. Série.

10-09511   CDD-869.93

Índices para catálogo sistemático:

1. Crônicas : Literatura brasileira   869.93

2011
IMPRESSO NO BRASIL
PRINTED IN BRAZIL
DIREITOS CEDIDOS PARA ESTA EDIÇÃO À
NOVO SÉCULO EDITORA LTDA.
Rua Aurora Soares Barbosa, 405 – 2º andar
CEP 06023-010 – Osasco – SP
Tel. (11) 3699.7107 – Fax (11) 3699.7323
www.novoseculo.com.br
atendimento@novoseculo.com.br

À minha querida irmã Rachel.

Sumário

Prefácio	9
Apresentação	13
Transtorno que transtorna	22
Eu e os meus "casos"	88
Empregos	134
Psicólogos e suas abobrinhas	142
Causas possíveis em minha opinião	155
Família e amigos	161
Ícones nacionais e internacionais – vocês são demais!	174
Não espere compreensão: você praticamente nunca a terá	192
Arte e bipolaridade ou vice-versa	204

Prefácio

Foram necessárias algumas horas de conversa para Claudia e eu nos identificarmos nas alegrias e nas dores impertinentes que a trajetória da vida nos impôs. Ficamos com a firme sensação de que já nos conhecíamos desde sempre. Nesse encontro, irmanamos-nos em sentimentos e recordações comuns a cada um, o que nos proporcionou momentos de extrema felicidade e recordações de tempos de excepcional depressão.

Suponho que Claudia tenha vindo a mim por ter lido a crônica *Experiência abominável*, incluída em meu primeiro livro. Nesse texto, revelei, sem quaisquer restrições, as dores e o extraordinário sofrimento de que padecem quantos sejam portadores de TAB (Transtorno Afetivo Bipolar) – termo que substituiu a Psicose Maníaco Depressiva, nome, convenhamos, bastante assustador – e enfatizei a sensação dos enfermos de que esse mal parece não ter nunca um fim.

Esse sentimento, dos males parecerem que nunca serão curados, conduz os doentes a avaliarem o suicídio como a única forma de se livrarem daquela insuportável angústia, exaustiva e interminável.

Alguns exemplos de pessoas de reconhecida projeção não passaram despercebidos por Claudia, que os selecionou com competência e os registrou em sua *Montanha-Russa de Emoções*. Os que não têm coragem para esse ato extremo padecem, por acréscimo, de uma sensação de covardia. Sinto-me no dever de acrescentar – para orientação dos parentes e amigos dos pacientes, já que o assunto do livro é este –, que, "em princípio", se os enfermos não tiverem o perfil de quem seria capaz de matar alguém, é improvável também que se suicidem. (É bom, contudo, não confiar cegamente nisso.) É imprescindível dar, sim, ao doente o apoio e a compreensão dos familiares e amigos, o que sugere uma constante companhia de pelo menos uma pessoa. Convenientemente tratada e com a compreensão dos circunstantes, é possível controlar o mal e transformar o paciente, permitindo-lhe uma vida produtiva e feliz – com o auxílio de medicamentos que os psiquiatras conhecem bem.

Este mal – o TAB –, que Claudia descreve com evidente e excepcional conhecimento de causa, competência e, sobretudo, em linguagem muito elegante e ágil, segundo estatísticas, é a doença que atualmente mais afeta e atormenta a humanidade. Por isso, a autora foi muito feliz ao escolher esse tema tão presente para o seu primeiro livro, privilegiando-o sobre dois outros aos quais ela está também se dedicando.

Eu me identifiquei extraordinariamente com o assunto que ela tão bem aborda em *Montanha-russa de Emoções* e ainda, por acréscimo, impressionou-me a linguagem fina, explícita e clara que se move como uma grande onda, para cima e para baixo, agitando as nossas emoções ao sabor do desenrolar de sua autobiografia, visível em vários momentos do livro.

Li o *Montanha-russa de Emoções* em uma só sentada. As crescentes emoções variavam a cada trecho e conduziam a um mundo muito conhecido, muitas vezes conturbado e embaralhado, que me dificultavam voltar ao mundo real. Em vez de desfrutar de uma divertida montanha-russa, muitas vezes tive a sensação de estar em uma gangorra, subindo e descendo rapidamente, sem parar. Talvez por eu também ser do ramo, tenha gostado e me identificado tanto com o seu primeiro livro.

Estou seguro, Claudia, de que, na verdade, você, além de pintora, cantora, professora e etc., é uma brilhante escritora cujo inegável talento aflorou no presente e, sem sombra de dúvidas, sua futura trajetória lhe reserva o reconhecimento público, e como consequência, a fama. Parabéns, foi bom conhecê-la, Claudia. Muito prazer. Muito obrigado inclusive por me confiar este prefácio. Continue esbanjando competência por meio de suas múltiplas habilidades, principalmente no mundo das culturas.

Cariê Lindenberg

Apresentação

Por que escrevi este livro

Fui criada para ser uma vencedora. Meus pais estimularam muito a minha autoestima, sempre. Eu era linda, inteligente. Para eles, eu era uma estrela.

Meu pai sempre deu todos os presentes com os quais sonhei. Minha mãe nunca bateu em mim e nem me fez sentir culpada ou diminuída. Não éramos ricos, mas havia muita harmonia na família. Tenho cinco irmãos. Éramos três mulheres e três homens. Eu sou a filha número quatro. Infelizmente, agora somos só cinco. O número três faleceu recentemente, para nossa grande tristeza.

Minha mãe conta que quando eu nasci meu pai me pegou no colo e saiu me exibindo para todo o hospital. Queria uma menina. Lá em casa é uma sequência assim: filho 1 – menino, filho 2 – menina, filho 3 – menino; assim, quando cheguei, uma menina, não quebrei a tradição.

Meus irmãos mais novos também não a romperam – depois veio mais um menino e a filha número seis, nossa caçulinha maravilhosa que eu cheguei a pegar no colo. Meu pai dizia que era uma verdadeira "máquina" e nos fazia rir muito. Fui uma criança desejada e extremamente amada.

Minha mãe sempre me ouvia primeiro quando havia conflitos na escola e sempre acatou minha palavra, o que fez com que eu me tornasse uma pessoa honesta e íntegra. Meu pai nunca duvidou de mim. A minha palavra era tudo e ele me ensinou a não mentir.

Cresci acreditando que estava predestinada a ser bem-sucedida. Tirava as melhores notas, era a primeira da turma, ganhava bolsas de estudo, inclusive para o exterior – sempre tive uma grande atração por viagens e línguas estrangeiras. Meu pai não dispunha de recursos, porque era bancário e tinha outros cinco filhos, mas nem por isso deixou de me apoiar. Ganhei um concurso de redação em inglês, cujo prêmio era uma viagem para a Inglaterra, mais um curso de três meses com tudo pago.

Quando retornei, fiquei obcecada em fazer um programa de intercâmbio. Novamente, meu pai disse que me apoiaria, mas não tinha condições financeiras. Não foi um empecilho, fiz a prova do AFS (*American Field Service*) e consegui uma bolsa de um ano na Califórnia. Meu pai só faltou explodir de tanto orgulho.

Quando voltei dos Estados Unidos, fui para Brasília. Meu pai sempre "enchia a boca" para falar de mim. Assim como minha mãe. Nos Estados Unidos, trabalhei na rede Burger King para ganhar um dinheirinho. Quando fui estudar em Brasília, consegui um bom emprego e me sustentava sozinha, com apenas 19 anos de idade. Consegui ótimos empregos em Brasília, como intérprete, tradutora e professora. Naquela época, ganhei o que nunca mais eu consegui ganhar.

Depois de concluir a faculdade, conquistei uma bolsa de estudos para a Inglaterra. Fiquei mais de três anos na Europa. Era destemida, corajosa, ávida por aventuras e por conhecimento. Aperfeiçoei meu francês na Bélgica, meu alemão na Áustria e meu espanhol na Espanha. Para me manter, agarrava todas as oportunidades de emprego que surgiam. Cantei e toquei violão em bares e nas ruas para ganhar um extra e viajar pela Europa. Fui *au-pair* na Áustria, garçonete, faxineira, professora, cantora e não recusava nenhuma espécie de trabalho. Tive muitas aventuras e conheci pessoas espetaculares.

Quando senti muita saudade, decidi que era hora de voltar. Meu pai havia se aposentado, por problema de saúde, e estava morando em Vitória, no Espírito Santo. Quando cheguei, logo percebi que a cidade não poderia absorver meu potencial, pois não havia campo de trabalho, só subempregos mal remunerados. Então, apaixonei-me perdidamente. Ele era meu aluno de alemão em uma escola de idiomas. Tínhamos o mesmo gosto para música, cinema, arte, culinária, tudo. Era minha cara metade. Ele se apaixonou pela minha vivacidade e alegria e eu por sua calma, cultura, inteligência e paciência.

Resolvi montar uma escola de línguas para mim. Coloquei o projeto em prática com mais duas sócias. Fomos felizes durante cinco anos, até que a Universidade Federal do Espírito Santo criou um centro de línguas próprio. Além de cobrar bem menos, ficava em local muito acessível, ao contrário dos similares das outras capitais. Muitas escolas faliram. Nós não chegamos a falir, mas tivemos dificuldades financeiras. Eu havia terminado meu mestrado em Linguística Aplicada na UFMG e consegui emprego em uma faculdade que pagava bem. Vendi minha parte e não me arrependi, porque a escola acabou fechando.

Trabalhei em outras faculdades, mas depois essa área também ficou ruim, houve uma explosão de faculdades particulares e muitas não conseguiram se manter num mercado tão competitivo. Passei por várias empresas, até trabalhar com exportação de granito, uma área forte no Espírito Santo. Odiei trabalhar com vendas, não era mesmo a minha vocação.

Decidi cursar Direito e foi outro desastre. Os concursos públicos foram uma catástrofe em minha vida, mesmo com toda a determinação que tenho, não é fácil passar e isso me causou um trauma. A gota d'água foi eu tentar o concurso o TRT (Tribunal Regional Eleitoral). Havia apenas nove vagas. Perdi por um só ponto, na prova dissertativa, porque gastei tempo demais na de raciocínio lógico. Como não podia zerar nenhuma prova, senão seria desclassificada, acabei por fazer a prova dissertativa às pressas e não terminei direito. Lembro do meu desespero quando a fiscal que recolhia as provas começou a puxar a prova de minhas mãos. Eu sabia que tinha feito boa prova, então me deu um desespero grande... Eu queria tanto passar, que meu marido se orgulhasse de mim – e não me visse como preguiçosa, mas que estava tentando vencer de verdade.

Bem, àquela altura, comecei a sentir os efeitos da bipolaridade. Com a doença, perdi a autoestima e a segurança que eu tinha em mim mesma. Não consegui me fixar em nenhum emprego e vivia tendo crises de depressão alternadas com crises de euforia. Passei a compreender muitas coisas que aconteceram em minha vida e com meu próprio comportamento, que por vezes saía do controle sem eu entender por quê.

Quando fui diagnosticada com Psicose Maníaco-Depressiva, chorei durante duas semanas sem parar. Eu não aceitava, não compreendia, estava perdida e sem saber o que fazer. Eu tinha nascido para ser uma vencedora e não uma doente mental.

Minha revolta causou grande agressividade da minha parte. O fato de não conseguir trabalho e ter que ingerir barbitúricos fez com que minha tão trabalhada autoestima fosse por água abaixo.

Eu não via o lado bom de coisa alguma. Achava-me péssima mãe, péssima esposa, péssima filha. Vivia choramingando pelos cantos, me isolando e me tornando uma pessoa irascível. Era antissocial e não gostava de conhecer gente nova.

Sentia-me incompreendida e sem amor. Meu marido desconhecia aquela pessoa, ele conhecia outra Claudia. Ainda bem que não desistiu de mim. Ele ficou do meu lado, apesar de não me compreender completamente. Nem eu mesma me compreendia. Passei por inúmeros terapeutas e sofri muito com a falta de tato e de competência de muitos profissionais.

Quando escrevi este livro, a ideia inicial era usar um pseudônimo, mas mudei de ideia porque eu quis me expor. Eu quis me dar outra chance de dar a volta por cima e vencer o distúrbio. Quis partilhar com outras pessoas que sofrem desse mal as minhas experiências, doces ou amargas. Quis me despir do preconceito, mostrar que a culpa não é minha e que eu não saio por aí me passando por bipolar para as pessoas se apiedarem de mim.

Eu sou a filha do meu pai e da minha mãe. Eu sou aquela menina lourinha linda e inteligente. Eu sou competente, gosto de trabalhar. Sou carinhosa com meus filhos e nunca bato neles, procuro conversar. Eu quero voltar a sonhar com o meu sucesso profissional e pessoal. Eu posso. Eu quero. Eu vou conseguir. A bipolaridade é tratável, o que não é tratável é a indiferença a que estamos sujeitos.

Eu não quero ser "uma bipolar que escreveu um livro", eu quero ser uma linguista, poliglota, que escreveu um livro sobre bipolaridade. Não quero ser a mãe "maluquete", que cria os filhos de qualquer jeito. Eu sou uma mãe boa, procuro sempre trabalhar a autoestima dos meus filhos, tenho um bom coração e sou emotiva, afetuosa, verdadeira...

Se o riso e o bom humor são as formas que encontro para lidar com o distúrbio, então que assim seja. Rir não faz mal a ninguém, nem a mim, nem a você.

De que sou feita e porque às vezes sou tão cética e desconfiada

Vou ser sincera, sou uma pessoa cética. Não acredito em terapia e não confio em psiquiatras e psicólogos quanto ao transtorno bipolar. Fico agressiva e rebelde quando se trata desse assunto. É, tenho problemas e o pior é que gosto de ser assim. Gosto de fazer pouco das coisas e mandar tudo *pro* inferno, igual ao Roberto (Carlos) – desculpe Roberto, tenho certeza de que essa foi uma fase da sua vida e que já passou. Você está em "outra" há tempos, mas eu infelizmente ainda estou nela. Não se espantem e nem se ofendam.

É minha natureza, exacerbada pela bipolaridade. Se for demoníaca – ah! bom –, prefiro ser assim do que ter a mesma velha opinião formada sobre tudo (Raul Seixas sabia das coisas). Sou uma metamorfose ambulante, estou constantemente mudando de ideia a respeito de tudo; todavia, esse meu "jeito inconformado, idiota, patético de ser" não vai mudar. Já tentei usar coleira, cabresto e até cogitei lobotomia – influenciada pelos Ramones (ô, conjuntinho bom, eles têm muito estilo) –, mas tem jeito, não. Já tentaram me "domar".

Um amigo me chama de "quiaba briguenta". Bem, ele inventa um apelido novo pra mim umas dez vezes por dia, então, nem sei se conta. Aliás, essa é uma coisa que adoro nele. Acho que nunca me chamou pelo meu nome, tem sempre um apelido carinhoso no bolso. Como pode ter tanta imaginação? Inventa apelidos para todo mundo, cada dia um diferente, e pra mim então... Já perdi as contas, são muito engraçados e geralmente nascem no cinema, quando vemos uma cena com a qual ambos nos identificamos. Aí um cutuca o outro. Ah, isso é uma coisa nossa muito legal. Somos cinéfilos e assistimos a todos os filmes. Bem, quase tudo.

Tenho um amigo que assiste aos filmes com a mulher, de mãos dadas. Isso não é lindo? Falei totalmente sem sarcasmo, porque acho lindo mesmo. Perguntei a ela se sua mão não fica dormente, ou o braço, mas ela me disse que tem pena de tirar... Sempre tenta esticar o máximo que consegue, até não aguentar mais; depois tira um pouquinho o braço, dá aquela esticada e volta a pegar na mão dele. Acho que às vezes a gente não para pra pensar nos detalhes... Detalhes são tudo, a essência, graça, motivo de viver, mas são apenas detalhes... Não dá para falar em detalhes assim e não se lembrar da música do Roberto Carlos. Pelo menos pra mim é impossível! Afinal, é meu conterrâneo.

Quando brigaram, uma vez, ela foi ao cinema sozinha. Levantou-se no meio da sessão porque não aguentou a falta da mão dele na dela... Patético? Não, lindo. Só entende quem tem detalhes tão pequenos de duas pessoas que se completam e se amam. Eu também gostaria de ter um amor assim.

Ah! Tem um coisa sobre o marido dela que não posso deixar de dizer. Ele trabalha muito. É empresário e chega sempre tarde, tipo oito e meia da noite, mas infalivelmente ele leva os dois filhos para passear. Não é esporádico, assim duas ou três vezes por semana não, é *todo* dia. Ele chega cansado e mesmo assim reserva esse horário para os filhos, que aguardam ansiosos e arrumadinhos para saírem com o pai. É um horário só deles e ela não vai, porque acha legal eles terem um tempo só deles. O marido não os vê durante o dia por causa do horário da escola, mas ela sim, então pensa que é uma noite "só dos rapazes", sabe como? Uma coisa que ela quer que se desenvolva e que eles tenham no pai um amigo, sempre.

Com isso, quero dizer que eu não passo de uma farsante; é isso mesmo, uma farsante, caro leitor. Eu sou sarcástica e faço gozação de tudo porque essa foi a única maneira que encontrei para "driblar" o Transtorno Afetivo Bipolar. Desculpem, mas não consigo fazer diferente; então, mesmo que eu diga alguma coisa que você, leitor, possa achar ofensiva, releve... As pessoas não ficam agressivas assim à toa. No fundo, eu sou uma pessoa estupidamente romântica e emotiva. Confesso que gostaria de ter me casado na igreja, como meu pai queria. Não só para fazer a vontade dele, mas por mim mesma; acho o ritual de casamento uma coisa muito bela, mesmo não sendo religiosa. Confesso que não posso ver uma criança pedindo dinheiro na rua. Tenho uma imensa vontade de chorar e às vezes até choro mesmo... Confesso também que gostaria muito de adotar uma criança. Todos me dizem que vou é arranjar problemas, mas gostaria mesmo assim. Acho lindo quem adota. A gente tem que ter muito amor para ter um filho e o dobro para adotá-lo.

O que você precisa saber sobre este livro antes de começar a ler

Queria alguém para apresentar o meu livro. Pensei em um psiquiatra ou em um psicólogo. Conheço vários, mas eu tive experiências muito negativas com esses profissionais.

Por sorte, encontrei um camarada bipolar que entende do assunto, e que escreve muito bem, para fazer a bendita apresentação, porque parecia faltar alguma coisa do tipo: "Quem é essa maluca que escreveu esse livro sobre bipolaridade?" Que bom! Pensei que não ia conseguir ninguém mesmo, mas consegui uma pessoa acima das expectativas.

O livro é intencionalmente brincalhão, porém não deixa de ser sério, já que foi escrito não só em momentos de euforia, mas também nos de depressão, característica do meu distúrbio, que é, praticamente, tudo o que a ciência sabe realmente. A maneira que encontrei de "driblar" o transtorno é rir de mim mesma e da situação. Não ridicularizo nada, nem ninguém, de verdade. Apenas tento ver o lado cômico das coisas e exploro minha veia irônica, que acho fortíssima. Acho até que extrapolo.

Transtorno que transtorna

Por que cismo com psiquiatras e psicólogos

Resolvi usar um *pot-pourri* – não passa de uma palavra francesa usada por pessoas, digamos, "chiques", que significa mistura. O que eu quero dizer – até que enfim!, vai ser prolixa assim no inferno – é que eu me distraio com as palavras. Além de bipolar, sofro de déficit de atenção; assim, juntei vários psiquiatras e psicólogos, misturei tudo e deu o seguinte:

"Lido com bipolar há muito tempo e sei que é difícil – para não dizer coisa pior, doutor? – para qualquer pessoa, porque não dá pra controlar nada. Quase ninguém aguenta conviver com bipolar, mas a minha corajosa paciente foi além, e ainda conseguiu 'escrever um livro'. (Convenhamos, uma maluca que escreve um livro é para se aplaudir, concordam?) Ah, mas ela leva tudo na sacanagem. É muito bem-humorada, por isso consegue lidar com esse lance de bipolaridade".

Esse foi o relato de um dos psiquiatras dos quais fui paciente. Não estou de brincadeira!

"Esse troço é *do mal*. Não é pra qualquer um." Coisa de bipolar é de arrepiar: acorda rindo, vai dormir berrando, chuta o balde todo dia, não consegue parar em nenhum emprego. É punk, é punk. Não consegue manter nenhum relacionamento; casamento, então, nem pensar. É agitação o tempo inteiro, isso quando não passa o dia todo na cama com depressão e não sabe a razão. É punk, é punk. E não tem jeito. É isso mesmo que você leu – não tem cura e ainda por cima fui obrigada a ouvir que não há absolutamente nada que eu possa fazer a respeito – não é megalegal?

Ah, mas podia me entupir de barbitúricos – ideia bastante desagradável. Isso aconteceu de verdade. É lógico que sou exagerada, mas esse psiquiatra era pior do que o analista de Bagé. (Para quem não conhece, é um personagem criado pelo grande Luís Fernando Veríssimo – escritor que faz minha vida ser pelo menos 90% melhor, simplesmente por existir.)

O tal analista é "supostamente freudiano e ortodoxo", cuja técnica principal é o "joelhaço". Aí, você pergunta: "O que é isso?" É uma pancada de verdade, com o joelho, para a pessoa "experimentar" de fato a sensação da dor. Pois o meu psiquiatra era da linha do "joelhaço". Nunca vi um médico tão grosseiro e com vocabulário tão chulo! É por isso que desisti de um médico e pedi para outro bipolar, que "deu certo na vida", não é o meu caso, para escrever a apresentação – e o maluco topou claro, é bipolar...

Meu trauma é justificado, partilhei com vários outros bipolares nos chats da internet (há grupos de ajuda – como vou mencionar mais adiante) e fiquei sabendo de coisas pavorosas. Basta dizer que há médicos "da Idade Média", que tratam seus pacientes bipolares com choques elétricos – isso mesmo que você leu, caro leitor, não é ilusão de ótica!

O descaso dos médicos

Há várias pessoas que concordam com meu ponto de vista, assim como há quem discorde. Meu irmão sofreu um acidente, perdeu massa encefálica e ficou completamente desorientado durante um bom tempo. Foi internado na clínica do "Mr. Hide" – uma referência a "Dr. Jekyl and Mr. Hide" (no filme, *O médico e o monstro* Dr. Jekyl era o médico bonzinho, então a clínica era do Dr. Hide, a parte "negra e malvada" do mesmo médico – deu para entender?) Podem chamar também de Dr. Bagé, que dá no mesmo. Eu e minha família ficamos todos horrorizados com o ele fez com meu irmão. A gente ia visitá-lo e ele estava imundo e tão dopado que urinava nas calças, porque sequer tinha forças para ir ao banheiro. Mamãe o tirou de lá imediatamente.

Devo dizer que esse acidente do meu irmão me deixou marcas profundas. Ele estava em uma fase ótima da vida, realizando seu sonho profissional, lindo de morrer, sarado, com dois filhos saudáveis, ganhando bem, de repente sua vida ruiu. É verdade que não era propriamente "um beijinho de coco" quando criança e adolescente, mas ele mudou muito... E perdeu a saúde, o trabalho, a mulher, os filhos.

Sobrou para minha mãe cuidar dele, mesmo com meu pai gravemente doente – com DPOC e outras complicações que resultaram em sua morte. Eu fui criada para dar apoio aos meus entes queridos. Minha mãe cuidou do meu pai por três anos e nunca esmoreceu e é esse o exemplo que eu tive em casa. Eu presenciei tudo. Minha mãe estava sempre exausta, mas tinha sempre uma palavra de carinho para o meu pai e o tratava com muito amor. Ao mesmo tempo, cuidou do meu irmão, em um estado lastimável, cheio de sequelas devido ao acidente e dava mais trabalho do que o meu pai. Eu via o desespero nos olhos da minha mãe, seu sofrimento, a angústia, e penso em como as pessoas às vezes são tão insensíveis. Acho que eu não percebia como tudo aquilo estava me afetando.

Meu irmão vivia deprimido e se sentindo abandonado. Ele era apenas um ano mais velho do que eu. Sempre foi meu companheiro de "traquinagens" e não era dedo-duro, sempre podia contar com ele na hora das "artes" que aprontávamos. Uma vez "fizemos" um paraquedas – éramos empreendedores –, mas pequeno demais para nosso peso. *Simples*, pensamos. Vamos testar no irmão caçula. Jogamos o guri de cima da casa – ainda bem que o "invento" ficou preso num *flamboyant* do nosso jardim. Quando mamãe viu aquilo, "montou guarda" na janela pela qual subimos ao telhado. Estava decidida a nos dar uma sova. Nós ficamos lá até o anoitecer para ver se ela se acalmava. Bom, ela se acalmou, mas rolaram umas boas chineladas mesmo assim.

Pois é desse amigo de infância que estou falando. É do irmão que meus pais me ensinaram a amar, respeitar e querer bem. Um cara batalhador, bonito, bacana, bom pai, bom marido, bom irmão e bom filho, apesar de aprontar muito. Era carinhoso e respeitava meu pai. Pois é, esse ser humano ficou jogado como se fosse um traste velho e minha mãe chorava – e olha que é difícil ver minha mãe chorando, desesperada.

Ela disse uma coisa que jamais esquecerei: "Filha, quando você pedir algo a Deus, saiba pedir. Quando seu irmão se encontrava na UTI entre a vida e a morte, eu pedi a Deus que lhe poupasse a vida. Mas se eu soubesse que ele iria sofrer assim, eu teria pedido a Deus para levá-lo..." Existe coisa mais triste do que essa para uma mãe dizer?

Meu irmão está se recuperando lentamente, mas meu pai faleceu. Logo após sua morte, minha mãe teve um "piripaque" e teve que ser operada. Precisou de quatro pontes no coração. Acho que ela se preocupava tanto com os outros que se esqueceu dela. Por causa de pessoas como minha mãe, eu não perco a fé na humanidade.

Meu pai era um homem de grande sensibilidade. Teve seis filhos e era amoroso com todos eles, mas eu e meus irmãos ficávamos meio chateados porque ele "passava muito a mão na cabeça" desse meu irmão. Ficávamos revoltados porque tirávamos as melhores notas e éramos "bonzinhos", porém, esse irmão, que repetiu várias vezes de série, recebia mais atenção do que todo mundo.

Um dia eu resolvi conversar com papai a respeito e sabe o que ele respondeu? "Filha, não fica com ciúme, não. É que esse filho me dá muito trabalho, é irrequieto e difícil, por isso, tenho que amá-lo em dobro." Nunca vou esquecer essas palavras de papai e nunca mais tive ciúmes. Ele era uma pessoa simples, mas de enorme percepção e amor. Papai não conseguia se conformar. Ele morreu logo depois do acidente de meu irmão... Hoje, com filhos, eu compreendo meu pai.

Comecei a ter crises depressivas muito fortes vendo minha família sofrendo assim. Eu também nunca me conformei com o acidente de meu irmão. Até hoje choro quando penso em papai. Não consegui me refazer ainda. Eu me preocupo muito com minha mãe, porque ela tem pressão alta e não pode passar por aborrecimentos. Eu me sinto culpada porque *eu* sou um aborrecimento para ela. Tenho um imenso medo de perdê-la, só de pensar nisso eu já derramo um milhão de lágrimas...

Pois bem, caí nas mãos dos psiquiatras e psicólogos, não teve outro jeito. No início, eu tinha uma vergonha enorme, não contava a ninguém, nem ao meu próprio marido. Tentava digerir tudo sozinha, assim do tipo "sou a tal, consigo tudo, não preciso de ninguém" e o pior é que sempre fui meio assim mesmo. De repente, comecei a ter um monte de neuras, medos, coisas incompreensíveis que me deixavam insegura e desamparada. Comecei a fazer terapia. Uma "vezinha" por mês, porque o meu plano de saúde só permitia isso – era pegar ou largar.

O plano de saúde era pior do que o SUS (Sistema Único de Saúde). Eu tinha que esperar tanto que comecei a telefonar para a secretária e pedir que o médico deixasse as receitas. Fiz isso durante anos. Isso é normal? O cara me passava remédios fortíssimos e controlados sem sequer me ver! É um descaso total com o paciente. Como eu era uma "paciente" sem paciência para ficar esperando – já que só tenho direito a uma consulta por mês –, optei por pegar as receitas. Mas tem um detalhe. Para pegar a receita eu tinha que passar a carteirinha, o que significa que ele ganhava pela consulta. É um absurdo? Pois é, é a mais pura verdade.

Além disso, se eu quisesse uma consulta, tinha que reservar uma tarde inteira e quem sabe até o dia inteiro só para isso. Sem contar que o grosseirão nem me olhava na cara durante toda a consulta. Ficava só "fuçando" o computador e eu me sentia igual a Billy Bob Thorton (aquele ex da Angelina Jolie, ótimo ator), no filme *O homem que não estava lá*. Bem, não sei se era ele que não estava ou eu, porque ele me ignorava, então ficaria melhor se fosse "O homem que não estava lá e a mulher que estava, mas não sabia", ou vice-versa.

Punk é ter de lidar com analistas, psiquiatras e psicólogos "aloprados". Ouvi papos como esse de supostos "terapeutas" com diplomas, é com diplomas em Psiquiatria e Psicologia, os dois! E quase surtei. O "é punk" eu achei legal, até incorporei ao meu vocabulário, porque a palavra se adapta ao caso, além de me remeter ao início dos anos de 1980 – desculpe leitor, já disse que me distraio com as palavras. Esse é apenas um dos profissionais por cujas mãos eu passei. E pasmem: sobrevivi. Considero que dei muito azar mesmo. Seja como for, o fato é que eu desenvolvi verdadeira aversão a esses profissionais. Mas eu não sou ignorante a ponto de dizer que não há bons psiquiatras e psicólogos. Eu só não dei sorte mesmo.

O analista carioca e a linguista irritadinha

Ah, tinha um carioca. Nada contra, só detalhe. Mas jogue um sotaque carioca daqueles exagerados numa figura dessas e você vai ver um bipolar quicando. Principalmente se o bipolar em questão não for carioca também, como é o meu caso. Acho que mesmo se fosse carioca ficaria irritado; os próprios cariocas devem ficar incomodados com o "cariocuês" exagerado.

Por favor, *cariocash exageradosh*, assumam e não guardem rancor, *mash eshti* sotaque levado ao *ishitremo* é insuportável, principalmente em um "terapeuta" e, acima de tudo, para uma pobre bipolar, que por acaso é *linguishta* e tem a mania de reparar no jeito que *aish pessoas* falam. *Talveish* seja um problema meu, *maish* conversando com *pessoash de outrosh* lugares, como *mineirosh*, *paulistash* (não podia deixar de ser) e até *nortistash* e *sulistash*, descobri que há uma implicância com o sotaque carioca superexagerado. Será que é por isso que eles "dessotaquerizam" – neologismo meu, esta palavra não existe mesmo, você não está delirando – os repórteres da Rede Globo? Por acaso já notaram que eles não têm sotaque?

Eu já – sou linguista. Talvez seja a rixa entre o RJ e o ES, já que somos Estados vizinhos e talvez os capixabas sofram da síndrome do vizinho, tipo Brasil *versus* Argentina, se é que me faço entender. Também, tínhamos que ser justamente vizinhos de um Estado que ofusca todo mundo... Uma vez recebi uns belgas em casa e o guia de viagens deles dizia que o pior Estado do Brasil para se visitar era o Piauí, mas o Espírito Santo ganhava o prêmio pela consolação. Fiquei revoltada! Bem, pode ser um lance assim, de bipolar, então ignorem, além do que eu me irrito com facilidade.

A propósito: adoro cariocas! E adoro o Rio de Janeiro. Aquela música da Adriana Calcanhoto que fala sobre os cariocas, é tudo aquilo e mais... Charmosos... E lembram aquela música "ela é carioca, ela é carioca, olha o jeitinho de ela andar..." Pois é, tem tudo a ver. É inveja minha porque não tenho a graça das carioquinhas. As capixabas não são exatamente famosas e eu definitivamente não sou nenhuma "garota de Ipanema" – apesar de ter morado no bairro e papai trabalhado em Jacarepaguá, porque ele queria que morássemos bem. Como a gente não enxerga os sacrifícios dos pais quando é adolescente! Ele pegava um "frescão" todo santo dia, e eu fico pensando como deveria demorar... Tudo isso porque ele queria que os filhos morassem em Ipanema. Era um bairro bonito, charmoso e caro, muito caro!

Por que escrever sobre bipolaridade

Há muito tempo eu queria escrever um livro sobre o Transtorno Afetivo Bipolar (TAB), mas precisei de coragem para vencer o medo das críticas. Medo esse que eu não consigo entender, porque ninguém está nem aí pra você mesmo – o máximo que podem fazer é dizer que seu trabalho é uma droga, mas e daí: "Tentem fazer melhor, então", simples. E me apavorou até me aprofundar em um assunto que me causa verdadeiro terror – acostumem-se, sou muito dramática. Necessitei também construir a confiança necessária para escrever sobre mim mesma, pois não há como não se expor. Para ser totalmente franca, eu já chutei esse balde há muito tempo – o que pensam ou falam de mim pouco me importa, ninguém sabe o que passo e o que sofro com esse transtorno dos diabos. A bem da verdade, confesso que até me importo às vezes, mas choro escondido no banheiro para não pagar mico e parecer durona.

Descobri que o TAB é um assunto muito pertinente para mim por ter influenciado minha vida, e pelo fato de afetar a de outras pessoas que sequer sabem que sofrem de algum distúrbio. Isso é conversa fiada, porque todo mundo sabe que tem um disturbiozinho qualquer – o que as pessoas talvez não saibam é que podem ser bipolares. É isso mesmo. Fazer parte deste seleto grupo. Não tenho a pretensão – costumo ser bastante pretensiosa quando eu estou no estado "eufórico" – de esgotar o assunto, apenas compartilhar algumas situações "bipolares" e exorcizar alguns demônios. Quero deixar claro que não sou especialista no assunto, não consigo resolver direito nem o meu problema, mas tenho certeza de que muitas pessoas podem se identificar com ele e, quem sabe, até dar umas boas risadas – que não fazem mal a ninguém.

Pode parecer estranho dizer isso, mas acho que devemos rir do problema, porque como o próprio terapeuta disse: "Não tem outro jeito, e entre o rir e o chorar, fico com a risada". Tente levar a sério e vai ver a "chapuletada" que vai levar. Palavrinha legal essa, "chapuletada". Peguei de um amigo, ou quem sabe inimigo, virtual – ele é meio babaca, mas às vezes diz algo que presta. Eu sou assim mesmo, me aproprio das expressões dos outros; eu "pego" as palavras como se elas fossem um vírus. Assunto muito sério tem que ser levado na brincadeira, senão o bicho pega. Nesse lance do amigo-inimigo, eu sou meio ingênua e já me decepcionei tanto com amizades que não confio em mais ninguém.

Meu primeiro pensamento foi escrever algo útil, pelo menos uma tentativa – eu não sei por que eu tenho essa mania de querer ser útil. Acho que vou consultar um psicanalista – bem, fora daqui, porque é consenso na cidade que o melhor hospital das redondezas é o aeroporto. Uma grande amiga acabou de me dizer que temos ótimos terapeutas... Bem, já disse que sou azarada, até pra nascer fui azarada.

Ah! Tem outra coisa que acontece comigo que acho muito doido. As pessoas às vezes são tão "pop", gostam de tudo o que há, tudo é legal, a música mais brega é maneira... E eu fico pensando: *Meu Deus, eu sou um monstro! Sou crítica demais, tenho que ser mais "pop"*... Vocês não fazem ideia de como isso é difícil para mim, para não dizer impossível! Meu marido vive dizendo que adora o Caetano porque ele é acima de tudo "pop". Já gravou tudo o que há e na voz dele a canção mais brega fica linda. *Pô*, Caetano, passa a receita aí, *tô* precisando!

Descobri que tenho o pior signo do horóscopo chinês – dragão – e ainda por cima sou geminiana, com ascendente em... Gêmeos! Podia ser pior? Devem ser causas sobrenaturais que me fazem ser do jeito que sou – só consigo essa explicação lógica, porém ilógica para o meu problema.

O livro se revela mais catártico do que propriamente útil. É muito bom poder colocar para fora sentimentos represados e é sem dúvida uma forma de redenção dos meus pecados bipolares. É muito bom também descobrir que, apesar de tudo, eu gosto de quem eu sou. Mentira pura, não confie em bipolares – talvez eu me adore mesmo nos episódios de euforia, mas garanto que me odeio nos de depressão. As pessoas que me são mais caras me amam e me compreendem. Doce ilusão – ser compreendido e ser bipolar são completamente antagônicos. Digo isso porque durante muito tempo eu nutria ódio por mim mesma. (Odeio-me mais do nunca, parece que com o tempo isso vem piorando – novamente ressalto que devo mesmo me odiar quando estou no período depressivo; ser bipolar é nunca saber de nada sobre você mesmo.) A dificuldade em me controlar, o falar mais do que devo e muitas outras atitudes típicas de bipolares me deixam "*fula* da vida". E por acaso resolve o problema? Não. Então, conforme-se. Não ligue. Mas... É tão fácil falar...

Ser bipolar é ser mentiroso?

Não, é mentira! Muitas pessoas pensam que o bipolar inventa, pois eu vou dar a minha versão desse equívoco.

Vejam bem, não sou mentirosa, sou uma bi-po-lar, ok? Tudo o que digo é verdade, mas é "superdimensionado" – normal, faz parte do distúrbio. Se você se encontra em um episódio eufórico vai superdimensionar e se está deprimido, também! Não é lógico? Tem gente que pensa ser puro fingimento, que nós, bipolares, estamos mesmo mentindo e fingindo, só para chamar a atenção. Já me jogaram isso na cara.

Caso seja bipolar, aconselho que se acostume logo com isso e não guarde rancor, é assim e pronto. Rebeldia não vai te levar a lugar nenhum, fique certo disso. Quando você, pessoa normal (que inveja – se é que você existe mesmo), está muito feliz, não irradia? E quando está muito triste, não chora e fica "deprê"? A única diferença é que para os bipolares isso acontece *todos os dias*. E *várias vezes por dia,* simples assim.

O projeto do livro é antigo, mas faltava coragem. Finalmente ela aflorou e espero que possa de alguma forma ajudar – lá vou eu de novo com essa síndrome de Madre Teresa de Calcutá. Relevem, porque também sou professora, então vivo querendo "ensinar", é uma dessas cafonices das quais você não consegue se livrar, informar ou até despertar para o problema do transtorno bipolar – que pelas minhas pesquisas, vem se tornando cada vez mais recorrente, todo mundo quer ser bipolar hoje em dia. Fala sério! As pessoas fazem um monte de atrocidades e depois alegam ser bipolares. Usar essa desculpa é falta de respeito, camaradas não bipolares, denigre a imagem dos verdadeiros bipolares.

Eu não sou falsificada, sou um produto genuíno e DOC (De Origem Comprovada). Para quem não sabe, sou assim como um vinho caro – vinho que não posso sequer experimentar, porque sou proibida de ingerir bebidas alcoólicas, por causa das "bolinhas", que tal?

No entanto, mais importante do que tudo isso é poder lançar um olhar crítico sobre mim mesma e sobre outras pessoas – principalmente sobre outras pessoas. Adoro malhar os outros, não é delicioso fazer uma gozação quando não é com você? Não com o objetivo de resolver algum problema ou dar receitas sobre o que se deve fazer, mas no sentido de aumentar a compreensão do distúrbio e aguçar a curiosidade das pessoas para que prestem mais atenção aos que estão à sua volta. Falei bonito agora, não? Piegas até, mas é verdade, então perdoem a pieguice – além do mais, é ótimo ser piegas, solte esta fera presa dentro de você –, ou você se acha intelectual demais para se dar ao luxo de ser piegas? Relaxe, isso não existe.

Se você não consegue entender o comportamento de alguém, talvez essa pessoa seja bipolar. Ou talvez esquizofrênica. Ou DDA. Ou borderline. Ou ninfomaníaca. Ou assassino em série. Engraçado, falei assassino, no masculino, alguém já ouviu falar de alguma *assassina* em série? Fiquei curiosa, vou "googlar". Achei! Teve aquela interpretada pela belíssima Charlize Theron, mas horrorosa no filme *Monster*. Tudo agora aconteceu em tempo real, fui mesmo ao Google – amo esse treco, não vivo sem ele, e alguém hoje em dia vive sem?

Li sobre o ator Jim Carrey. Calma, ele não é um assassino em série, mas é bipolar. Fiquei bastante surpresa. Então me perguntei, por que fiquei tão admirada? O fato é que temos a tendência a julgar as pessoas pelas aparências e ele é um ator engraçado – fez uns filmes idiotas, mas também boas comédias. É difícil imaginá-lo deprimido. Pois, se é bipolar, podem ter certeza de que ele tem muitos momentos de depressão. É inerente à condição de bipolar. Altos e baixos, momentos de euforia e de depressão fazem parte do cotidiano do bipolar. É a característica principal da doença e é justamente por causa desse aspecto do distúrbio que os bipolares são tão incompreendidos. Sabe, eu fiquei decepcionada com essa coisa do Jim Carrey... Por ser uma sonhadora incurável acreditava que existia gente feliz *non-stop* no mundo... Além de sonhadora, sou burra!

É um transtorno que assusta as pessoas, devido à instabilidade que o bipolar demonstra, não se sabe o que esperar de paciente de TAB. Mas sabe-se lá o que esperar de quem quer que seja. Ted Bundy – o maior assassino em série da história dos Estados Unidos; como não podia deixar de ser, todo *serial killer* que se preze é americano – era um gostosão sedutor. Bem, eu definitivamente sairia com ele. Eu e as mais de cem mulheres que ele assassinou. As pessoas nos enganam. Acho que o próximo livro que vou escrever é sobre ser casado durante vinte anos e descobrir que o parceiro não era quem você pensava. É um fenômeno intrigante, mas garanto que tem explicação.

Devo ressaltar que, atualmente, os tratamentos estão bem avançados e que a instabilidade já foi minimizada. Isso quer dizer que "dopam" melhor o indivíduo, mas o descontrole emocional de um bipolar pode ocorrer em função de outros fatores na vida, exatamente como ocorre na de qualquer um. Algo que cause estresse no trabalho, a perda de um ente querido, um divórcio, um acidente, a ansiedade ou a insegurança, e que não seja exclusivo do bipolar. Não se pode esquecer que, para o bipolar, tudo parece gigantesco, porque ele tem problemas para lidar com as dimensões das coisas. Às vezes, uma coisa pequena pode desencadear uma crise e ao mesmo tempo eles podem superar uma coisa grave mais facilmente do que os chamados "normais". Não há regras definidas, principalmente porque se sabe pouco a respeito da doença, em minha opinião, mas talvez algum especialista discorde. Bom, então prove, entre em contato, estarei esperando ansiosamente.

No meu caso, por exemplo, o que desencadeou o transtorno bipolar foi minha primeira gravidez, aliada à rejeição do meu marido e a uma depressão pós-parto terrível, que durou meses e me fez perder quase dez quilos – dessa parte eu gostei, porque odeio ficar gorda, como toda mulher que conheço. Eu nunca senti nada pior em toda a minha vida. A depressão é devastadora, destrói, corrói, mata... É uma areia movediça sem tamanho e você mergulha nela. Essa frase me lembrou Samuel Becket, um dramaturgo irlandês de quem sou fã. Por quê? Ele disse que quando a gente está com a merda até o pescoço, só nos resta cantar – cá pra nós, a frase é genial! E não é que é verdade? A minha proposta – acabei de descobrir, obrigada, Sam – é a seguinte: Você já não tem nada a perder, todo mundo acha que você é maluco, desequilibrado e tudo mais; então, aproveite a fama tão arduamente adquirida e bote para quebrar! Esse insight do Becket foi valiosíssimo, só agora eu me dei conta, e a foto dele está pregada bem na minha frente no meu escritório. É incrível como as coisas estão tão próximas e tão claras e a gente não consegue enxergá-las... Isso é um delírio bipolar ou todo mundo é assim?

Tenho ódio de gente deprimida e sempre achei que era coisa de quem não tem o que fazer. Pois bem, continuo odiando gente deprimida e não mudei de opinião, vá trabalhar, vagabundo! Pelo menos é assim que sou tratada pela maioria das pessoas – chega de chilique, você precisa é de um trabalho; para que dar mole para os bipolares? Cada qual que lide com o seu problema.

Uma camarada bipolar me contou que seu cônjuge – palavrinha horripilante – duvida que ela tenha um problema, e acha que ela só dá uma de bipolar quando lhe é conveniente. Daí eu disse: "Ah, como somos idiotas quando estamos apaixonados!" E acrescentei que ele talvez não a conhecesse tão bem quanto ela pensava.

Não me levem a mal, continuem apaixonados, mas como vocês todos devem saber, relacionamento a dois não é uma simbiose total, temos que cultivar nossas diferenças. Adoro dar lição de moral, mas façam somente o que digo, não o que faço – frase extremamente irritante, grrrrrrr! Isso me remete a uma canção do The Who, que diz: "Quando se ama 1+1 não é 2 e sim 1"... Adoro você, Pete Townshend (compositor nas músicas do grupo), mas esse seu romantismo foi golpe baixo! Principalmente levando-se em consideração a sua acusação de pedofilia, que decepção... Procuro abstrair porque adoro suas canções.

Devo dizer que meu "cônjuge" – palavra horrenda – reconhece o meu problema e me dá muito carinho, apoio e tenta me ajudar de todas as formas possíveis. Acho que ele mesmo não queria acreditar que a mulher que ele ama tinha um troço abominável desses... Eu entendo e só posso dizer que ele é o marido mais fofo do mundo! Acho que ele é lindo, charmoso – adoro tímidos, sempre adorei –, inteligente, perspicaz, tem bom gosto e é tudo de bom na minha vida. Não foi fácil para ele.

Ele percebeu que eu não estava de brincadeira no dia em que eu tinha que entregar uma tradução e tive uma confusão mental, me enrolei com os arquivos e ele teve que revisar o texto para mim. Queria que eu mandasse o arquivo via e-mail e eu não estava conseguindo anexar. Fiquei nervosa e mandei um e-mail dizendo assim: "Por favor, não brigue comigo, não grite comigo, por favor, eu não estou conseguindo..." Ele não respondeu, foi direto pra casa, subiu até meu escritório, correu em minha direção e me deu um abraço bem apertado e disse: "Você não merece que gritem com você".

Muitas pessoas casadas com bipolares acham que os parceiros estão "fazendo fita". Bem, isso pode ocorrer, mas não vindo de um bipolar DOC. Cônjuges – ô, palavrinha feia dos diabos –, procurem saber se é fita mesmo. Pode não ser... Falando em palavras feias, tem outra horrorosa: mequetrefe, quer coisa mais atroz para os ouvidos? Para quem não sabe, eu sou uma mequetrefe, o que significa criança irrequieta, que mexe em tudo... É, sou eu. Tenho mania de palavras, essas coisinhas maravilhosas mexem comigo.

Ouvi de uma pessoa muito querida que eu agia como bipolar para disfarçar minhas maluquices e fiquei pensando... *Será?* Afinal essa pessoa me conhece tão bem, deve ter razão. Bem, os médicos, meus melhores amigos e minha família em peso discordam, e eu também, então, infelizmente, devo confessar que tal pessoa não me conhecia tão bem quanto pensava. Não guardem mágoas de bipolares, eles não sabem o que dizem...

O que fiquei sabendo sobre o Transtorno Afetivo Bipolar

Não é fácil conseguir delinear um conceito preciso de TAB, ou Psicose Maníaco-Depressiva, que vocês devem achar, assim como eu, que é muito brega – você já tem um problema e ainda querem chamá-la de monstro? "Eu sou uma psicótica maníaco-depressiva", meus sais, que coisa medonha!

Sabe-se que é um inferno emocional para o paciente e um problema de grandes dimensões para os profissionais da área médica que pesquisam e tratam o distúrbio – tirei isso de um livro sério, prestem atenção. Li vários livros a respeito e venho fazendo pesquisas há anos na internet, em revistas especializadas, livros, teses de doutorado (sim, leio teses de doutorado; afinal, não sou normal); enfim, em tudo que me cai às mãos e que me ajude a entender do que se trata. Curiosa...

Cheguei à conclusão de que é impossível construir um conceito exato de TAB, porque leigos, portadores do transtorno, médicos, psicólogos e vários tipos de pesquisadores não conseguem chegar a um consenso. As opiniões são contraditórias e muitas vezes eles não sabem sequer do que estão falando (sem ofender ninguém, mas tenho direito a dar minha opinião e não abro mão dela). Qualquer pessoa pode comprovar o que estou afirmando, simplesmente buscando na internet ou perguntando a um psiquiatra o que é TAB. Rapidamente chegará à mesma conclusão. Não pesquise demais porque vai virar piração. É um tipo de doideira que não tem explicação; aliás, como a maioria das doideiras.

Em princípio, todos concordam que o termo que designava o que hoje chamamos de Transtorno Afetivo Bipolar era PMD, ou Psicose Maníaco-Depressiva, uma enfermidade classificada no grupo das doenças psicóticas. Que coisa linda, não? Você de repente descobre que é um lunático, um pirado, um lelé da cuca, é isso aí, não ponha panos quentes, não. Há outras nomenclaturas, como, por exemplo, distimia, que significa o desequilíbrio do *eu*. Existe algum *eu* que seja equilibrado? Apresente-me, mas é pouco usada. Ainda bem, me irrita.

Deve haver outras, não pesquisei todas, mas como boa linguista que sou, adoro palavras. Ai, palavras me dão um *frisson*. Adoro gente que sabe manipular as palavras, usá-las contra ou ao meu favor, não importa, contanto que seja bem-feito.

Houve um estudioso nos primórdios das investigações sobre psicopatologia e psicanálise que se debruçou sobre a análise dos comportamentos maníacos (estados de euforia) e nos psicóticos, o que significa dizer que o transtorno não é uma doença moderna, há muito tempo seus sintomas eram conhecidos pelos psiquiatras. Só que os incompetentes não descobriram absolutamente nada de concreto sobre a doença, nem nada sobre nada. Não havia naquela época medicamentos que se adequassem aos sintomas. Será mesmo?

Hoje existem vários, como o lítio, o mais conhecido e aparentemente o mais eficaz, dentre os denominados "moderadores de humor" ou estabilizantes da condição psicótica ligada à oscilação de humor observada nos portadores de TAB. O que não gosto no lítio é que acaba com a pele da gente. Vivo cheia de espinhas. Para uma perua quarentona isso é de dar dó!

O consenso é que o TAB se caracteriza por altos e baixos no que se refere ao comportamento, humor e reações das pessoas. Portanto, revela-se um distúrbio que afeta diretamente o lado social do indivíduo. E como afeta, meus queridos, como afeta!

Eu li que as doenças classificadas no grupo das psicoses podem ter caráter hereditário e o histórico familiar é frequente. No caso das neuroses, o problema é mais adquirido por experiências ao longo da vida da pessoa, mas há muitas coisas ainda incertas no tocante a doenças de ordem psíquica de maneira geral. Estou repetindo coisas que li em boas fontes, perdoem-me os psiquiatras e psicólogos se eu disser alguma bobagem, mas não sou nada má como pesquisadora – quem termina um mestrado, pesquisa qualquer coisa, e eu ainda quero fazer doutorado, então podem acreditar: pesquisar está no meu sangue. Definitivamente, não bato bem da bola. Este amigo já me alertou sobre o doutorado. Se eu insistir sei que vou entrar na maior fria, mas com essa teimosia que herdei do meu pai... não sei, não. Eu nunca pensei em me ver escrevendo este tipo de aberração. Ô, mãe, não dava pra ter caprichado mais um pouquinho, não? Defeito de fabricação inutiliza o produto!

Psicose é um termo muito forte no sentido que é usado pela psiquiatria para se referir a um estado mental em que há perda de noção da realidade. O indivíduo tem alucinações, delírios e uma completa confusão psíquica que o desorganiza interiormente e o faz perder a autocrítica, impedindo-o de desenvolver atividades dentro de um grau razoável de controle. Isso tudo quer dizer que o cara se solta – deixa rolar; gente, não devia ser proibido.

A psicose dificulta e até impossibilita que a pessoa tenha interação social normal e prejudica sua capacidade de produzir e trabalhar. Lendo assim parece uma história fictícia de um reino distante. Experimente ficar desempregado por mais de três anos e depois me conte. Ah, experimente se desentender com toda a família do seu marido, ou esposa, pra ver também como é legal. Você sabe que a culpa não é sua, mas isso faz alguma diferença para alguém? Muito menos diferença fará para a família do seu "cônjuge" – ai, já me faltam adjetivos para denegrir esta palavra –, já no mundo dos "normais" costuma ser difícil para todo mundo, imagina para o "estranho mundo do bipolar!" Aguentar família de "cônjuge" é uma missão impossível – só o Tom Cruise pra dar conta mesmo; ele joga aquele olhar de mistério naquela carinha linda e ganha todo mundo –, exagero meu para variar, insuportável para mim.

Bom, mas aí a gente se vinga, porque também somos intragáveis, então fica elas por elas. Todavia, eu compreendo, porque lidar com bipolares não é fácil, então eu não posso esperar que todos sejam compreensivos e indulgentes, é querer demais. Portanto, família do meu cônjuge – palavrinha infame –, perdoe-me por ser insuportável. Eu compreendo que a incompreensão de vocês é apenas natural. Haja saco para lidar com malucos! Eles pisam, falam de você pelas costas e são muito arrogantes e incompreensivos. Não tem problema, os bipolares aprendem a ser humilhados constantemente e a não receber qualquer ajuda. É fácil malhar quando não se conhece a extensão do problema. Sei que é duro, mas não adianta se enganar.

Patamares e concursandos

Pelo que pude notar em minhas pesquisas, portadores de TAB que têm sintomas tão fortes de psicose estão em um patamar distinto de outros que também sofrem disso – mas não se sinta superior, essa coisa de patamar é relativa. Podem, inclusive, cometer suicídio ou ter ideias suicidas, assim como agir de forma agressiva.

No meu caso, não é tão grave. Eu só mando a galera tomar naquele lugar e tenho uma verdadeira legião de fãs que querem me ver morta, mas isso não é nada. Apesar de apresentar sérios sintomas em épocas de crise, sou classificada como nível 3 em uma escala de 1 a 6 – bem, quem me classificou devia estar dopado ou doidão, porque eu sou nível 10! Não aceito nenhuma nota menor, entro com um recurso administrativo na hora. Aprendi essa com os pobres coitados concursandos, que são megaqualificados e estão desempregados, uma lástima. Concursos absurdamente difíceis, eu não sei como alguém consegue passar. Ainda vou escrever um livro sobre isso, acho que vou chamá-lo "Concurso *blues*" – será sobre a depressão causada pela frustração de não conseguir passar em nenhum.

É claro que tive minha fase concursanda, no afã de querer ganhar a vida. Não há nada pior do que depender dos outros financeiramente. Nem que você se torture em uma repartição pública, das 8 às 18 horas, só para não ter que ouvir gracinhas e não ser espezinhada todo santo dia porque não ganha dinheiro. Mesmo com toda a minha bipolaridade, eu toparia triplicar a dosagem do remédio até ficar quase totalmente dopada só para conseguir aturar um emprego desses e colocar dinheiro dentro de casa e ser independente. O alívio seria tão grande que valeria a pena.

Eu bem que tentei, mas nem isso consegui. Só arranjei uma mega-aversão ao Direito e ao raciocínio lógico. Os livros e apostilas que eu não dei para algum outro louco concursando, eu queimei, rasguei e até cuspi em cima em um ritual de "limpeza" intelectual, espiritual, psicológica e física. Nunca me massacrei tanto na minha vida e a única coisa boa de toda esta história foi uma grande amiga que ganhei. Um presente no meio de tantos dissabores. Uma grande amiga que me acha teatral – quem não acha? –, mas que me dá muito carinho. Ela morre de rir das minhas histórias, mas tem sempre um ombro amigo quando estou chorando. Meus olhos se enchem de lágrimas quando penso nela, porque poucas pessoas têm a compreensão que ela tem. Ai, eu queria ser como ela... É calma e equilibrada, além de linda, charmosa e inteligente.

Olha, tudo isso que acabei de falar sobre o TAB tem que ser definitivamente filtrado. Não sou da área médica, apenas pesquisei e tirei algumas conclusões por mim mesma. Sou muito metida a "sabe-tudo", sempre fui, uma verdadeira ameaça à sociedade!

Quero deixar claro, meu caro leitor, que no fundo eu sou uma pessoa cuja autoestima é muito baixa, choro com uma frequência enorme e me escondo por trás da ironia para conseguir levar a vida. Se eu disser algo que o ofenda, perdoe-me, sou muito ácida e cínica às vezes, mas tenho a perfeita noção que isso é um mecanismo de defesa, eu sou apenas bipolar, não imbecil.

O que desencadeia as crises?

A frustração e o estresse são os principais fatores que desencadearam as crises no meu caso – no meu e no da torcida do Flamengo, tirando o desemprego, a falta de dinheiro, o fato de meus cabelos estarem caindo e eu ficando velha, dois dentes a menos, um monte de dívidas – é isso mesmo, bipolares, dívidas. Se você não consegue manter nenhum emprego, como vai pagar suas contas?

Mas as crises acontecem. Assim, sem mais nem menos, sem pedir licença, não me peçam para explicar o inexplicável.

A cidadezinha em que moro tem até seu charme, não vou negar, mas é que não nasci para viver aqui, gosto de cidades grandes, onde a gente fica meio que anônima; além disso, cidades pequenas têm poucas oportunidades de trabalho na minha área. Vivo aqui por obrigação mesmo. Mas não vou embora. Tenho medo – confesso que tenho medo de me afastar da minha mãe, dos meus irmãos, do meu marido, dos meus filhos; enfim, sou uma grande covarde, não tenho vergonha de admitir. Covarde, covarde, covarde! E Vitória é linda mesmo, parece um presépio... Tem esse apelido e o merece! O problema... sou eu e a falta de emprego nesta roça!

As crises são desencadeadas e pronto. Não tem explicação. Sinto muito, galera. Se vocês estão buscando respostas, não vão achá-las aqui, mas um ombro amigo com certeza eu posso providenciar.

Como é ter TAB?

Segundo outros estudiosos das doenças psíquicas, os psicóticos são psicologicamente incompreensíveis. Gente, eu achei essa frase tão idiota que resolvi citá-la para colocar para fora, essa foi a observação mais imbecil que eu já li. É isso aí, ninguém consegue entender os malucos. Será que é por que eles sofrem das faculdades mentais? E sofrem alterações graves da consciência do *eu*? Que coisa mais idiota – preciso do meu remédio tarja preta. Agora! Tenho tolerância zero com gente burra e estúpida.

Segundo alguns, a memória e o nível de consciência não são necessariamente prejudicados. São totalmente prejudicados. Eu só não perco a cabeça porque não tenho uma para perder – porém, podem ser afetados aliados a outras disfunções psíquicas. Sinto-me combalida... Cheguei à triste conclusão de que tenho mais disfunções psíquicas do que achava.

Há certamente uma predisposição genética no que se refere à psicose propriamente dita. Fatores exógenos são de suma importância, visto que não se pode sempre controlá-los – descobriram a pólvora, existe alguém aí que sabe como controlar o tempo lá fora? Eu dou tudo o que tenho – não tenho nada mesmo – pela receita dos infernos que vai me fazer controlar tudo e todo mundo – bem, posso vender a alma ao diabo... Quem sabe? – Eu conheço uma pessoa que quer controlar tudo e todo mundo e quase consegue. Tenho certeza de que ela tem parte com o demo e, se não for isso, ela deve ter tomado umas boas aulas com a galera do vodu, que é a cara dela. Sabe aquele lance de espetar uns alfinetes no sujeito e *otras cositas más*? Eu ainda vou perguntar o que ela faz para ter esse poder todo... Não me faria nada mal manipular algumas pessoas. Eu morro de inveja daquelas mulheres que fazem 'biquinho" e tiram até as cuecas do marido. Pois é, nunca consegui fazer igual. Minha natureza é de uma idiota mesmo, não muda. Sou pateticamente orgulhosa e acabo sempre levando a pior... Acho que tenho escrúpulos em demasia, ou o preço a pagar é alto demais.

Alguns pesquisadores excluem a possibilidade de o distúrbio ser de origem genética; porém, outros defendem o contrário. Eu mesma, pelo fato de ter tido um pai bipolar, acredito que possa ser herança genética, sim, apesar das opiniões conflitantes a respeito. Meu pai só soube no final na vida e foi classificado como nível 5, altíssimo. Outro erro aí, galera. Se eu, que sou eu, sou 10 nessa escala, meu paizinho não podia ficar com menos de 8 – afinal o velhinho criou seis filhos e nunca fugiu de casa, só fumava como um caipora, mas não era alcoólatra nem adúltero, até onde sei.

Há classificações de psicose um tanto fortes, como a de Foucault, que aponta a psicose como "aberração de conduta social". Esse Foucault deve ser um "FDP" muito inteligente, porque o cara meteu o bedelho em tudo que é assunto, impressionante! Então fique sabendo que ainda por cima você não passa de uma aberração. É isso mesmo que você leu, uma aberração, um monstro; enfim, eu queria ser um monstro igual à Charlize Theron – mas não no filme *Monster*, queria era ser linda igual a ela, acho que ela tem muito charme. Se eu fosse uma "monstra" assim, eu ia curtir de montão.

No caso de TAB, a palavra "afetivo" veio para amenizar tal concepção, já que não há reações tão radicais e notórias como na psicose. Para mim, não passa de um eufemismo para enganar os otários. Continuamos a ser psicóticos, desequilibrados e neuróticos, além de maníacos e depressivos. Não se enganem, é apenas uma mudança de nomenclatura, uma coisa assim mais politicamente correta, entendem? É como os americanos. Não chamam os negros de *black*, usam *african-american* – americano sabe dar nos nervos da gente quando quer.

Quando morei lá, eu ficava superirritada com o tal do convite "da boca pra fora", sabe como? Aqui no Brasil, quando a gente convida é pra valer. Lá não, é só para parecer educado – que coisa mais bizarra! Ah, e tem a tal da *thank you note*. Se você é convidado de verdade, depois tem que escrever e enviar um cartão de agradecimento. Ai de você se não o fizer, fica proscrito na sociedade! Não basta agradecer ali e na hora, não? Não, claro que não. Para que descomplicar se você pode complicar? E o jeito que eles falam *I love you* e *me too*? Gente, não dá pra confiar em *I love you* de americano, não. Eles usam igual a gente usa assim, sei lá, 'tudo de bom pra você" ou "tchau, vejo você mais tarde", algo assim, é impressionante. Mesmo que você, leitor, não fale inglês, preste atenção nos filmes. *I love you* e *me too* vocês já aprenderam, certo? Não se pode sair por aí falando eu te amo com essa displicência! É um descaso com a palavra amor... Mas olha, eu adoro o cinema americano. Eu adoro Hollywood e seus filmes; eles fazem minha vida muito melhor, então uma coisa compensa a outra...

Tem uma engraçada que os europeus contam quando se referem à postura dos americanos: os Estados Unidos têm três tipos principais de produtos para exportação: o rock, o *jeans* e sua visão de mundo! Neste momento, estou traduzindo uma biografia e o biografado, por coincidência, ao falar dos americanos, cita Winston Churchill, que disse o seguinte: "Você pode contar sempre com os americanos para fazerem a coisa certa. Depois que já tentaram todo o resto!" Não é genial? Gente, isso é a cara de americano, que acha que o mundo inteiro tem que agir e pensar como eles! Mas, como já disse, há muita coisa que compensa, como rock, *jeans* e cinema!!!

Encontrei pessoas que confundem TAB com esquizofrenia, um distúrbio psíquico infinitamente mais grave do que o transtorno bipolar. Não consigo sequer conceber uma comparação. Mentirinha, consigo sim. Tem muito a ver. Até tenho um amiguinho imaginário desde pequena.

Sou é muito sonsa e quero tirar o meu da reta porque não me agrada a ideia de ser internada em uma instituição para doentes mentais.

A esquizofrenia é uma doença severa, caracteriza-se por um conjunto de sintomas que incluem alucinações visuais, auditivas, delírios e alterações de humor, o que provavelmente é a razão da confusão com o TAB. A principal característica do TAB é a alteração repentina de humor, que também ocorre na esquizofrenia, porém é o único ponto em comum – já disse que tem muito a ver, mas não contem a ninguém, será um segredinho, não me dedurem senão posso acabar a vida em um manicômio e vocês ficariam com a consciência pesada.

Gosto muito de cinema e quem assistiu *Mente brilhante* pode ter uma ideia de como age um esquizofrênico. O filme é baseado na história de John Nash, um gênio da matemática e esquizofrênico. Há muitas pessoas geniais que sofrem da doença. Nash recebeu até um prêmio Nobel – grande coisa Nash, isso não alterou o fato de você ser um maluco de pedra, que só sabia fazer cálculos de matemática, o que por si só já faz de qualquer sujeito um merda – odeio matemática.

Quero que saibam que eu, na realidade, não tenho absolutamente nada contra a matemática em si, mas como passei por experiências traumáticas, desenvolvi uma verdadeira aversão. Eu sempre ficava de recuperação em matemática na escola, da sétima série em diante! Eu ficava pensando: Pra *que preciso aprender esse troço?* Eu, como trabalho com educação também, sou da opinião que o conteúdo é muito pesado aqui no Brasil. Digo isso porque estudei um ano em uma *high school* (escola de segundo grau) nos Estados Unidos quando fiz intercâmbio, e lá eu achava a matéria "fácil", era o "gênio" da turma! Essa foi de doer, hein? Eu sempre achei que algum dia eu ainda desenvolveria certo gosto pela matemática, mas ela me atrai tanto como óleo de rícino atrai uma criança! Aliás, eu nunca vi esse tal de óleo de rícino em toda a minha vida, mas acho engraçado. Alguém aí já foi forçado a tomar quando era criança? Se foi, explique como é porque sempre tive uma verdadeira fixação por esse negócio.

As estatísticas indicam que 1% da população mundial sofre de esquizofrenia e que 1,5% é portadora de TAB. As estatísticas no Brasil revelam que a doença se manifesta em 1% a 3% da população. Já li em outras fontes que a porcentagem é muito maior. Outra diferença é que os sintomas de esquizofrenia, via de regra, ocorrem entre 15 e 25 anos de idade, em ambos os sexos, podendo mais raramente aparecer na infância ou meia-idade. As estatísticas em relação ao TAB indicam que a maior parte dos casos aparece por volta dos 30 anos de idade, mas também pode surgir em outras faixas etárias.

Exatamente aí que eu quis chegar. Não há diferença porque os supostos entendidos do assunto não têm a menor ideia de quando esse troço pode ocorrer, exatamente como a esquizofrenia. Maluquice pode atacar a qualquer hora, fiquem sabendo. As estatísticas em relação ao TAB já indicam uma grande incidência em crianças, jovens e pessoas mais idosas.

Como se pode ver, os estudos são um tanto imprecisos, não dá para ter certeza de nada e há teses de doutorado – minhas adoradas, livros, artigos; enfim, vasta literatura sobre o assunto, que aborda o TAB de forma completamente distinta quanto à classificação, intensidade, faixa etária em que se manifesta e, principalmente, quanto aos sintomas. Há pesquisadores sérios nesse assunto, como uma psiquiatra e pesquisadora da USP. Ela chegou à conclusão, por meio de suas pesquisas, que cada vez mais o distúrbio vem sendo encontrado em crianças bem pequenas ainda. Eu não disse? Ataca até bebezinhos.

O TAB atinge igualmente homens e mulheres e está ficando alarmantemente frequente. Pergunto: o estresse da vida moderna não seria o grande vilão, pois apesar de clichê, o estresse afeta muito o indivíduo? Já sei, sou um clichê ambulante, mas quem não é? E, ademais, essa coisa de estresse é explicação para tudo quanto há. Por que não lançar mão dele? Sejamos espertos e usemos todas as armas que temos à disposição.

Portanto, minha pesquisa, apesar de necessária para me ajudar a escrever o livro, ajudou e, de certa forma, confundiu também — a bem da verdade confundiu mais do que ajudou. Foi quando decidi ir a vários psiquiatras e psicólogos, não com a intenção de tratar o distúrbio (já joguei a toalha há muito tempo e meu parco dinheiro não pode mais ser gasto nisso), mas sim para obter mais informações com a prática que esses profissionais utilizam. Devo dizer que não ajudou em nada se eu comparar com a literatura a respeito do assunto, pois os profissionais da área também divergem muito em suas opiniões e chegam até a se contradizer, uns em relação aos outros.

Desconfie dos médicos, procure alguém que saiba o que está fazendo para não cair em mãos erradas. Como se algum médico dessa área soubesse o que está fazendo – eu sou mesmo muito idiota –, mas façam o que eu digo e não o que eu faço – mandei o meu psiquiatra para o espaço –, não aconselho ninguém a fazer isso – só se ele for um incompetente, como era o caso. Devo ressaltar que não estou falando sério para que vocês, psiquiatras e psicólogos, não achem que estou menosprezando o trabalho de vocês, muito pelo contrário, quem escolhe uma profissão dessa definitivamente é um corajoso.

Li uma entrevista, em O Globo, em janeiro deste ano, e fiquei estarrecida. O psiquiatra que tratava essa mulher, que inclusive teve um livro escrito sobre ela, mandou que dessem 12 choques elétricos na coitada! Ela ficou completamente desmemoriada e teve que fazer um tratamento com um neurologista durante dois anos para recuperar a memória!

Parece até um filme, tipo aquele sobre a vida de Frances Farmer, aquela atriz maravilhosa cuja mãe era a encarnação do diabo, pois foi causadora da desgraça da própria filha, mandando interná-la e permitindo que fizessem nela uma lobotomia! É isso mesmo, uma lobotomia na filha porque não concordava com seu comportamento... Eu chorei quando vi esse filme. A atriz é interpretada por Jessica Lange, muito bem no papel. Quanta incompreensão, quanto descaso, quanta falta de amor... Eu encontrei na internet que Frances Farmer era bipolar assim como a atriz Vivian Leigh. Não sei se há respaldo nessas informações, mas acredito que pode ser verdade devido aos sintomas que Frances apresentava – inquieta e com uma tendência a se indispor com as pessoas facilmente. Dessa tendência eu entendo – e muito, muito bem.

Pois essa pessoa a quem estou me referindo conta uma verdadeira história de terror em seu livro e nessa entrevista. E olha que é uma pessoa brilhante, competente, já realizou coisas fantásticas em sua carreira... Ela é apenas bipolar... Disse na entrevista que o médico responsável pelos tais choques – que coisa mais medieval – era considerado um dos melhores especialistas em bipolaridade na cidade do Rio de Janeiro. Depois as pessoas acham que eu exagero!

Posso ser megaexagerada, mas não inventei e há muita gente desqualificada no ramo. Olha, camarada bipolar que levou os choques, eu gostaria muito de conhecer você pessoalmente para trocarmos umas abobrinhas bipolares. Eu a admiro, viu? Você tem muito talento pelo que fiquei sabendo e chorei quando li o que fizeram com você. Sou muito chorona, mas, nesse caso, as lágrimas foram derramadas por pura necessidade... Foi o que consegui fazer para expressar meu espanto, minha tristeza e minha indignação.

O fato, assim como no caso da matemática, é que tive péssimas experiências com psiquiatras e psicólogos, além da fortuna que eu gastei e que não resolveu nadica de nada. Por isso, disse que sou azarada, já que muita gente faz, adora e tira muito bom proveito. Sorte de vocês. Azar o meu.

Acabei de descobrir que sou pra lá de azarada. Até meu signo é ruim e o dia que eu nasci... Até no horóscopo chinês eu sou o que há de pior, vou até investigar, fiquei passada... Sabe aquela música "Deus é um cara engraçado, adora brincadeira, pois pra me botar no mundo tinha o mundo inteiro... na barriga da miséria, nasci batuqueiro". Eu me sinto assim às vezes, sabe? Canso de mim mesma... De quem é essa música mesmo? É um sambinha legal pacas.

O diagnóstico não é fácil, o médico que me avaliou levou anos para descobrir. Era meio burrinho, não acham? Ou tinha má vontade. Eu fui a 15 psiquiatras e a 18 psicólogos no total e a confusão continuou a mesma. Quando estava pesquisando para escrever o livro – eu marcava uma consulta, levava o meu MP3 –, como eu fazia na época em que fiz mestrado – chama-se "pesquisa de campo", para quem não sabe – e gravava tudo o que diziam (bom, sem que eles soubessem, era só para eu poder lembrar depois). A minha intenção era pesquisar e não verdadeiramente me tratar, disso eu já tinha desistido.

As conclusões foram as que eu já sabia de antemão e confesso que é alma do livro, porque até eu quase morri de rir com esses "profissionais" e suas teorias. Este livro é dedicado a eles, senão sequer existiria, eu não teria munição para tanto – perdoem-me os bons profissionais dessa área, nunca se pode generalizar nada. Ah, onde estão vocês mesmo? Saiam da toca, tem gente aqui precisando de seu valioso conhecimento.

O TAB não tem cura, mas tem tratamento. Um dos melhores medicamentos é o lítio, mas conforme o paciente pode reagir melhor a outros. A característica principal do distúrbio é a alternância de estados de euforia e excitação com depressão, vontade de se afastar do convívio, introspecção e tristeza. A terapia pode ser muito benéfica se o terapeuta for bem escolhido – como já alertei vocês, depois não reclamem.

O fato é que nem o próprio portador de TAB se compreende. Ele também fica confuso, com remorso quando extrapola, depressão quando percebe que magoou alguém sem querer. O meu complexo de culpa pesa tanto que não consigo sequer me levantar da cama – brincadeirinha, nem é tão grande assim, já avisei que sou dramática. Nesse sentido, a terapia é válida para organizar suas ideias e compreender-se melhor; mas, querem a verdade? Conversa de terapeuta que quer ganhar uma grana na suas costas. Não vá nessa, não. Pratique alpinismo – social que seja, vá lá –, windsurfe, paraquedismo, *bungee jumping* ou ioga.

Tenho um amigo muito querido que trata a bipolaridade com paraquedismo e disse que funciona que é uma beleza. Será que é por causa da descarga de adrenalina? Intrigante... Mas, por favor, não me interpretem mal. Quem gosta deve procurar – o livre arbítrio acima de tudo! Experiências negativas causam trauma e eu sou uma pessoa traumatizada, só isso.

Uma grande amiga minha vive falando maravilhas da terapeuta dela. Eu conheço a tal terapeuta, é uma chata, mas respeito – como já disse, gosto não se discute. Eu jamais gastaria um tostão furado com essa terapeuta em questão. Alguns terapeutas estão só a fim do seu dinheiro – eu não disse todos, mas muitos são mercenários. Fico curiosa sobre o que eles pensam quando estão lá fazendo cara de mistério e supostamente nos ouvindo. Será que pensam em sexo? Chocolate? Afazeres? É uma boa pergunta... Já sei. Vocês vão pensar: *"Nossa, que mulher mais furiosa"*. Assumo.

Sintomas

O principal sintoma é sem dúvida a oscilação brusca de humor sem motivo. Mas, leitor, você há de convir comigo que gente certinha e previsível é muito chata, então considere isso como um ponto positivo.

Bipolares são mais divertidos do que a maioria das pessoas, isso não se pode negar. Foi o que deu título ao meu livro. A metáfora da montanha-russa se encaixa perfeitamente nesse sintoma. São altos e baixos constantes que desequilibram a pessoa e prejudicam seus relacionamentos de forma geral, tanto do ponto de vista afetivo e profissional como social. E só prejudica mesmo o relacionamento com pessoas desprovidas de senso de humor, que são muito, muito enfadonhas; então, sorria, você é diferente. Não é super? Acho bom ser diferente, para que serve ser igual aos "normais"? Pelo menos você é um ser humano original. Pense nisso, você devia ficar contente! Afinal, montanha-russa é um brinquedo divertido!

Não é só esse sintoma. Muitos bipolares têm tendência ao isolamento, em função do medo que desenvolvem das relações sociais. Pare com isso já. Isolamento pra quê? As pessoas têm verdadeira obsessão com essa coisa de aceitação por parte da sociedade. Aceite-se e, se alguém não gostar, dane-se – é uma tortura ficar preocupado com o que as outras pessoas pensam o tempo inteiro. Eu estou brincando, eu sei mais do que ninguém como é difícil a gente se aceitar... E eu me isolo pra caramba, fico na minha salinha escrevendo e traduzindo; aliás, adoro traduzir, são mil informações novas por minuto, eu paro, vou espiar meu melhor amigo, o Google, e aprendo coisas novas, encanto-me com as histórias de outras pessoas e dou uma viajada, finjo que sou um dos personagens do livro, é divertido e não machuca.

Pode ocorrer mania de perseguição, síndrome do pânico, obsessão por determinadas coisas ou pessoas, medo de estar em público, megalomania, perda do controle no tocante a dinheiro, taquicardia, ansiedade excessiva e muitas outras coisas que fiquei sabendo depois.

O medo de falar demais, o medo de ser inconveniente, de ser incompreendido, enfim, de ter problemas, pois o bipolar já é obrigado a enfrentar muitos (que dramalhão!).

Quanto ao falar demais, tudo depende do que você fala, e você, bipolar, tem a vantagem de ser criativo e interessante, então, meta a boca no trombone!

Bipolar pode falar demais, o.k. Meu melhor amigo não é bipolar e fala sem parar, é compulsivo. A gente, para conversar, tem que levantar a mão para pedir a palavra. Bipolares costumam ser inteligentes e pensam rápido, portanto, seu papo é com certeza interessante; se não for, os incomodados que se mudem, simples assim. Nem todos os bipolares falam demais, esta é uma característica *minha*, associada ao distúrbio, quero deixar bem claro.

O bom humor intenso e o excesso de energia são sintomas primários. Tirei isso de um livro confiável. Quer coisa melhor do que ter bom humor e, ainda por cima, uma tonelada de energia? São sintomas difíceis de reconhecer e classificar como sintomas de bipolaridade, porque há pessoas que são assim, têm essa personalidade – para isso eu devo alertar. E se você for assim mesmo e algum psicopata, quer dizer, psiquiatra, diagnosticar você com bipolaridade, hein? Preste atenção, você pode ser assim mesmo, é legal ser assim, ora bolas! Tem um livro na área que fala de personalidade forte e bipolaridade, algo assim.

Já a irritabilidade e a agitação são sintomas que perturbam mais o bipolar, causam desconforto, confusão mental, dentre outros. Bem, não posso dizer que gosto de ficar irritada, mas não é o fim do mundo, todo mundo fica. Pelo menos a gente bota pra fora. Os bipolares, pelo fato de pensarem muito rápido, costumam ter ideias bastante incomuns, às vezes arrojadas demais e, por isso, muitas vezes chegam a ser megalomaníacos.

Os bipolares se distraem com facilidade e o déficit de atenção é outro sintoma que prejudica o bipolar, pois a aprendizagem requer concentração, mas não necessariamente. Faço traduções para uma editora, passo horas revisando o texto e mesmo assim os revisores conseguem achar erros... O que é que eles têm que eu não tenho? Um cérebro, só isso.

Para as crianças, déficit de atenção é terrível porque, ao não conseguirem concentração, o aprendizado pode ser afetado, então é ainda pior. Será que é pior mesmo? Já disse que tirei essas informações de livros "sérios". Ainda bem que este livro não é uma dissertação de mestrado, onde você não pode ter uma opiniãozinha própria, tudo tem que ser "de acordo com fulano", "segundo beltrano"... Nesse ponto, estou adorando escrever este livro porque ele é *meu* e escrevo o que eu quero, de acordo com a *minha* opinião, por mais torpe que ela seja – e notem que eu questiono tudo, não deixo passar nada, uma verdadeira *encrenqueira*.

Uma observação, já sei. Sou viciada nelas. Eu fico às vezes pensando naquele filme *Men*... Sabe aquele do Wolverine interpretado pelo "megagato" Hugh Jackman? Pois é, pode parecer um filme bobo, mas tem umas metáforas interessantes. A pergunta crucial do filme é: ser diferente (muito diferente) como os mutantes é tão ruim que todos eles devem ser destruídos? Gosto mais do vilão (interpretado com maestria pelo ator Ian McKellen), que quer justamente o inverso: transformar todos em mutantes. Parem para pensar, os mutantes têm super-habilidades. Quem não gostaria de ter aquelas habilidades todas? Eu garanto que gostaria! Para que destruir o que é diferente? É inveja e pronto.

Outro filme que trata dos "diferentes" é um de ficção científica chamado *Gattaca*. Já viram? É com o gatíssimo Ethan Hawke e a Uma Thurman. Achei as metáforas muito interessantes também. Tudo o que o protagonista tem que fazer para se igualar aos "normais dominantes" é um verdadeiro massacre. As pessoas têm verdadeira obsessão por serem normais. O que é ser normal, afinal? Nesse filme, ninguém mais faz filhos sem planejá-los biologicamente, para nascerem sem nenhuma doença, completamente perfeitos. Acontece que o nosso protagonista, o "megagato" Ethan, não foi feito assim. Ele é fruto de uma relação "de amor" dos pais. Resultado: usa óculos, tem problemas cardíacos e deve resignar-se a ser faxineiro ou qualquer coisa que não envolva muito o uso do cérebro. Só que nosso amiguinho quer ser astronauta. É, o sonho dele é desbravar o espaço sideral. Ele acaba fechando "um negócio" das arábias com o outro "supergato" Jude Law, geneticamente perfeito, mas que sofreu um acidente e ficou paralítico. Nosso herói assume a personalidade dele e consegue entrar para Gattaca, o centro de treinamento de astronautas. Ele burla toda a segurança, faz das tripas coração e consegue realizar seu sonho. O filme é demais, cheio de metáforas sobre perfeição, aceitação, discriminação, uma viagem, eu recomendo. Ele fica "perfeito" na marra e o filme dá a entender que nada que fazemos, por mais amor que depositemos, é "perfeito". Perfeito não existe, perfeito é uma farsa.

    As metáforas desse filme são geniais. Quem não é "perfeito" tem de ser atirado no "buraco negro" da sociedade, mais ou menos como os espartanos que jogavam fora literalmente os seus rebentos imperfeitos, aleijados ou que tivessem qualquer outro problema.

Eu já avisei que me deixo levar e tenho déficit de atenção, mas quando me lembro de alguma coisa que acho linda ou relevante, não consigo me conter!

Como já disse, há vários médicos que já reconhecem que o TAB pode ocorrer em crianças e que já há vários casos diagnosticados. Outro sintoma que tem efeitos nocivos à saúde é a necessidade de poucas horas de sono, mas isso depende do ponto de vista. Em vez de ficar gastando seu precioso tempo dormindo, pense no que pode fazer na calada da madrugada. Milhares de livros a serem lidos, milhares de filmes a serem assistidos, guloseimas a serem preparadas na cozinha – ou ataques à geladeira, como queira –, pinturas, desenhos – escrevi um livro nesse horário de folga, viu como pode frutífero? Ou não? Pode até virar um best-seller, a gente nunca sabe.

Muitos bipolares chegam a dormir apenas três horas por noite e sabe-se que o corpo precisa de mais – quem foi que disse? Eu tenho esse sintoma e se não tomar remédios para dormir, durmo muito pouco. Antes eu ficava insistindo e rolando na cama, agora me levanto e vou escrever. Já comecei até a escrever outro livro (calma gente, costumo rasgar a maior parte do que escrevo – não se apoquentem). Pelo menos, sinto-me produtiva e, como não adianta lutar contra a doença, tento desenvolver minhas habilidades (eu disse que era pretensiosa e estou curtindo um episódio de euforia no momento) para escrever ou traduzir o que outros escreveram que não oferece perigo algum.

Outro sintoma que se manifesta fortemente em mim é pensar rápido demais e tomar decisões sem pesar as consequências. Às vezes, eu quebro a cara, mas quem não quebra?

Decisões devem ser tomadas de uma forma ou de outra. Melhor tomá-las num rompante a ficar embromando com uma masturbação mental irritante e não chegar a lugar algum.

Os rompantes são típicos da bipolaridade e podem ser perigosos, principalmente em se tratando de dinheiro, visto que o bipolar pode gastar em excesso e contrair dívidas altas. No meu caso, não deu nem para acontecer, porque nos últimos três anos que estive desempregada, já nem me lembro mais, não tive a menor possibilidade de contrair dívidas. Não tenho "mesada", minto, até tenho, mas é ínfima, não dá nem pra pagar a fatura do meu cartão de crédito com o qual comprei a minha Louis Vuitton – gente nesta altura do campeonato vocês já sabem que estou zoando, eu espero.

Vou escrever um capítulo dedicado a Louis Vuitton, porque, afinal, ele merece. Conseguir a façanha de vender uma bolsinha por aquele preço que ele vende é de tirar o chapéu. É como o Paulo Coelho. Muita gente critica, mas eu também tiro o chapéu. Conseguir o que ele consegue não é para qualquer um. O cara é um mago mesmo e não se discute, vender livros como ele... ai, que sonho... Eu sempre o defendo, viu, Paulo? Colocar brasileiro para ler não é tarefa fácil não.

Sabotagem

Tem uma coisa de ser bipolar que me deixa louca. Quando estou falando rápido demais as coisas que não devo, eu me dou conta, tenho a perfeita noção do que estou fazendo, no entanto, não consigo parar, é mais forte do que eu. Então, eu me "autossaboto", sei lá como descrever, o que sei é que depois eu me isolo e fico sem querer ver pessoas e nem conversar com ninguém porque tenho medo de mim. Tenho vergonha e me dá vontade de mudar de cidade, trocar de personalidade, mas sei que não adiantaria nada, só se eu trocasse de cérebro. A minha tendência ao exagero é infame, eu sei, mas como sou bipolar tenho desculpa pra tudo – viu como as pessoas podem se aproveitar e fingir que são bipolares para se darem bem?

A depressão dispensa comentários. Não há nada pior e, aconselho remédios, não se deve brincar com ela. Depressão é letal. Nos episódios depressivos, a pessoa pode apresentar fadiga, lentidão, ansiedade, desespero, preguiça, falta de interesse em situações que antes lhe davam prazer. Pode ocorrer como ocorreu comigo, perda de apetite abrupta e consequente perda de peso. Eu mesma perdi seis quilos. Que beleza! Alguma vantagem essa coisa tem que ter.

Os bipolares podem ser acometidos de dores misteriosas e não pensem que estão fingindo, eles realmente sentem as dores, pois mesmo que sejam de fundo psicológico, as dores se manifestam. Nossa mente é poderosa e não é indicado ignorar os sintomas de um bipolar. Bem, às vezes eu dou uma "fingidinha" para não ter que ir a uma festa – daquelas que parecem que nunca vão acabar, compromisso chato, mas quando é pra ir ao cinema, esse mal nunca me acomete!

Agora vou falar do sintoma que para mim é o pior deles, que são os pensamentos suicidas – foi só pra fazer suspense. Eu nem sei se consigo exprimir em palavras como me sinto quando tenho tais pensamentos. Começa com depressão, que vai se agravando, e você chega a se odiar tanto que quer morrer. Não posso negar que já passei por essa droga, não, mas uma boa dose de adrenalina tira você da crise. Ah, tira! Por isso, já disse, pule da ponte, mas com aquele elástico no pé, e curta as aventuras do *bungee jumping*.

Às vezes, é devido a algum erro que cometi em função do transtorno bipolar e não consigo esquecer, ou pode também ser por não achar graça em absolutamente nada. É uma espécie de limbo emocional em que você mergulha e fica em um estranho e macabro torpor, querendo a companhia da morte – nessas horas, parece ser sua única companheira. Ainda bem que até hoje só fiquei nos pensamentos, nunca tentei me suicidar. Nessas horas é muito bom ser covarde, confesso (seja covarde, não se suicide, porque você só vai deixar seus inimigos felizes, seus amigos tristes e sabe-se lá o que vai acontecer com sua alma. Na dúvida, não ultrapasse a linha, porque já pensou se for verdade que a alma fica penando no limbo?).

Devo confessar que eu até aprendi a gostar de ter um pouquinho de depressão, mas só um pouquinho. A gente produz umas coisas interessantes e mergulha em um universo misterioso e amedrontador. Finja que está assistindo a um filme, e vá penetrando e descobrindo coisas, ideias, palavras... Pode ser um mundo bastante, digamos, produtivo. Não me entendam mal, sei que depressão é horrível, mas muitas coisas boas que fiz foram durante episódios depressivos. É que a gente tem que canalizar a dor, e daí produz. Não consigo explicação para isso, é só o que eu sinto. E não estou dando uma de Poliana, não, nem sou masoquista, que fique bem claro. A depressão é assim, enigmática.

Tratamentos para o TAB

O mais importante é a adesão do paciente ao tratamento. Como se houvesse outro jeito, pois não lhe oferecem exatamente o que se pode chamar de "opção"; então, se o bipolar se recusa a ingerir medicação, fazer terapia. E insiste nisso, as consequências podem ser desastrosas. Falo por experiência própria, pois a minha recusa inicial em tomar os remédios só me trouxe sofrimento e agravou o problema. É verdade, mas depois que me acostumei, tudo melhorou, afinal, são só umas bolinhas, né? Que mal pode haver?

A mania aguda pode ser tratada com vários tipos de medicamentos. Não me perguntem quais porque sou bipolar, não médica, foi só a pesquisa que fiz. No entanto, posso dizer que fluoxetina não é bom, não. Tira o apetite. Ahá! Aposto que a mulherada pensou: "Que legal!" Só que tira os dois tipos de apetite, seu tesão vai pros infernos! Aí, você, mulher bipolar, pode pensar: "Dane-se, quero ficar magra a todo custo" e eu respondo: você tem coragem de abrir mão de uma bela noite no motel só pra ficar magra? Então, você tem problemas – e sérios.

Já a depressão pode ser tratada com Sertralina, por exemplo (essa aí não tira o tesão, hehehe). O controle pode ser uma combinação de várias substâncias para a profilaxia da bipolaridade. Tudo depende muito de como o paciente reage à medicação. O que pode funcionar muito bem com um paciente pode se mostrar inócuo em outro. Na minha experiência, quando usei Fluoxetina, que é um antidepressivo, tive perda brusca de apetite e consequente de peso, além de grande diminuição da libido. Para falar a verdade, não estou tomando é nada. Recuso-me a detonar meu parco dinheiro com essas bolinhas. Uma depressãozinha é até bom pra relaxar depois da euforia. Do lítio é que não abro mão.

Mulheres bipolares, pensem no lado bom da coisa. Vocês podem ser meio desajustadas, mas, em contrapartida, serão esbeltas! Se quiserem e puderem tomar as bolinhas.

Não posso falar dos outros medicamentos porque não experimentei, mas o Carbolitium surtiu efeito infinitamente mais eficaz do que outras medicações que experimentei. Como não se conhece a causa exata do transtorno, a medicação é sempre feita por experimentação até que o médico consiga encontrar a dose e o remédio adequado para cada caso. É um processo difícil, porque o efeito das drogas pode ser nocivo para o bipolar e, até encontrar o remédio certo para um caso em particular, o paciente sofre bastante (Eu não leio bula, você lê? Primeiro porque não enxergo, só com lupa; segundo, porque, se ler, jogo o remédio na privada na hora e dou descarga!).

Até agora só falei das drogas normalmente usadas e todas fortes, com efeitos colaterais e algumas que causam dependência. Pesquisei também tratamentos alternativos. Infelizmente não consigo me dar muito bem com tratamentos alternativos, porém não descarto nada e acho que cada pessoa é única, portanto deve buscar tudo que possa ajudá-la (cada louco com sua mania, não dá pra interferir).

Devo ressaltar que, muitas vezes, os medicamentos genéricos não são tão eficientes quanto deveriam. No caso da Fluoxetina, meu médico só me aconselha Daforin. Já na Sertralina, só tomo Assert. Eu experimentei os genéricos e percebi uma grande mudança quando passei a tomar os recomendados pelo médico. Costumam ser mais caros, mas vale a pena. Não quero dizer que os genéricos não são bons. Até com remédios eu só vou em cima dos mais caros, putz! Se vocês, leitores do sexo masculino, não entenderem esta parte, não se preocupem, as mulheres certamente entenderão, coisa de mulher. Cada pessoa reage de forma distinta aos medicamentos. O que às vezes mostra um resultado eficaz em uma pessoa pode não fazer efeito algum em outra. É mais um desafio para os médicos. As dosagens e o tipo de medicação variam muito.

Olha, vou confessar uma coisa. Atualmente não estou tomando nada pelo simples fato de que não tenho dinheiro para comprar essas porcarias e admito que não está fazendo muita diferença, não (só não me atrevo a interromper o Carbolitium).

Tratamentos alternativos para o TAB e as piadas de mau gosto

Até os homeopatas têm receio de medicar bipolares somente com homeopatia. Normalmente, usam os homeopáticos juntamente com remédios convencionais, dada a seriedade do distúrbio. Há, no entanto, médicos naturalistas que tratam o distúrbio com homeopatia, dietas especiais associadas a atividades como ioga, meditação, massagens terapêuticas, dentre outras técnicas relaxantes.

O problema é que a pessoa tem que viver praticamente em função do tratamento e, nesse caso, não poderia sequer trabalhar porque não pode sofrer estresse. Bem, na minha leiga opinião, não vou duvidar que um tratamento desta natureza dê certo porque eu adoraria viver em um *spa*, com minha comida toda controlada e sendo mimada todo o tempo, mas acho fora da realidade. Tratar-me só com homeopatia, eu não arriscaria, porque não acredito em duendes.

Devo ressaltar que não tenho nada contra a homeopatia, muito menos contra os famosos "Florais de Bach". Mas em mim nada disso fez efeito. No entanto, faz em outras pessoas, eu sei lá! Minha mãe e minha irmã só se tratam com isso. Bem, placebo ou não placebo, com elas funciona. Não estou menosprezando os homeopatas e nem as terapias alternativas, longe disso. No entanto, transtorno bipolar é uma doença séria demais para experimentação, sem contar que sou doidinha por um "tarja preta" – ai, que troço bom, relaxa que é uma beleza. Uma pena que cause dependência – fico p... da vida com isso, porque tudo que é imoral, ilegal, engorda ou causa dependência –, falou bonito, Roberto Carlos! E eu completo pra você – tenho um carinho especial por esse cara, afinal ele é capixaba. Ah, falando em Roberto Carlos, outro dia achei um barato uma entrevista que ele deu. Perguntaram a ele quais eram suas três coisas preferidas. Ele: sexo com amor, sexo e sorvete! Achei demais, igualzinho a mim! Será que ele é bipolar também?

Acredito que exercícios, ioga, massagens relaxantes, dieta equilibrada, meditação ou qualquer coisa que relaxe e acalme seja benéfico. Não há dúvida quanto a isso, mas sou partidária da tese da disfunção química. É óbvio que os médicos não são unânimes – não sabem de nada, mesmo – no caso do transtorno bipolar. É controverso, mas é a teoria que explica melhor, na minha opinião, é claro.

Os neurotransmissores têm funções muito importantes. Se o seu organismo se desequilibra e não produz determinadas substâncias, é claro que você não vai "funcionar" bem. As substâncias químicas no cérebro podem causar estragos muito graves. Tomemos como exemplo uma pessoa com excesso de adrenalina e o que ela é capaz de fazer. Uma pessoa com uma descarga de adrenalina muito alta pode aumentar sua força a níveis impensáveis, como no caso de perigo iminente – isso aí eu devo ter resgatado da faculdade de Direito, pasmem, estudei esse troço.

Uma pessoa é capaz de matar, lutar e fazer coisas que nunca antes havia feito ou não teria a força necessária em uma situação normal. Com esse exemplo, fica fácil perceber a importância dos neurotransmissores e todas as substâncias produzidas pelo cérebro. Se eu já sou um furacão sem adrenalina, imagine com ela.

Camaradas bipolares e a fama

Há certo modismo no que se refere ao tema e também uma aura de glamour envolvendo a doença, devido ao fato de vários famosos serem portadores de TAB. No entanto, vários psiquiatras alertam que de chique o TAB não tem nada. É doença. É grave e faz sofrer – se você deixar. Além disso, vários apontam para o número alarmante de casos nas populações carcerárias e detentos, convenhamos, não têm glamour algum – nada contra os detentos, eu mesma poderia estar numa prisão com as atrocidades que pratico –, mas sabe-se que o sistema carcerário no Brasil não é assim propriamente "modelo" pelo que sei. Outro ponto a ser observado é que a maioria desses detentos bipolares, de acordo com algumas fontes da minha pesquisa, sofre de dependência de alucinógenos e psicotrópicos. É muito comum os bipolares tornarem-se dependentes de algum tipo de droga, lícita ou não. Droga é legal, quer dizer é ilegal, mas é legal, então cuidado: lembrem-se do Roberto Carlos.

Os psiquiatras explicam que isso se dá porque a droga proporciona alívio, mesmo que momentâneo (e o que nessa vida não é efêmero?) e como o bipolar sofre muita pressão e instabilidade, muitas vezes procura nas drogas uma forma de esquecer, relaxar, ficar calmo, qualquer coisa que o tire de sua angústia constante. É por demais doloroso não ter paz de espírito e estar sempre fazendo ou dizendo coisas das quais se arrepende mas que não tem condições de alterar – livre-se então do arrependimento. Há como desfazer? Não, sinto muito. Então, bola pra frente.

Gosto de pensar que há gente muito inteligente e bem-sucedida que sofre de TAB, porque me faz adquirir confiança em mim mesma e ver que, mesmo sendo portadores de um distúrbio como esse, as pessoas são capazes de realizar coisas importantes e levar uma vida quase normal. O que tem de bipolar famoso, talentoso e bem-sucedido não *tá* no gibi. Digo "quase" porque totalmente normal nunca será, levando-se em consideração que é um distúrbio crônico. Bem, quem quer levar uma vida totalmente normal? *Vive la différence*!

Francis Ford Coppola é portador de TAB e eu tenho grande admiração por seu trabalho. Sua filmografia é impressionante. Confesso que gostei de saber disso, afinal, ele dirigiu verdadeiras obras-primas do cinema. Assim como ele, há várias pessoas de diferentes áreas do conhecimento humano que são bipolares, ou o foram, tais como Elvis Presley, Marilyn Monroe e Salvador Dalí. Poderia citar uma infinidade de nomes. Sei que isso pode não significar nada para muita gente; porém, como sou muito ligada à música, arte, literatura, pintura, além de muito curiosa, gosto de saber que mesmo sendo portadora de TAB eu posso realizar coisas boas na minha vida, que tenham valor não somente para mim mas para as pessoas em geral. O desafio de escrever este livro nasceu daí. Sei que alguns podem achar o livro uma droga, mas e daí? Se algum editor achar que é bom o suficiente para publicá-lo, dou-me por satisfeita – até Picasso tem gente que acha uma droga.

O projeto já está em prática há um ano e adoro ver como estou conseguindo organizar as ideias e como estão ficando claras – pelo menos para mim. Cada vez que releio, acrescento coisas, tiro outras, mas acho que é assim mesmo. Sou uma linguista, afinal de contas. Já li muito, pois fiz Letras, depois pós em Língua Inglesa e Mestrado em Linguística Aplicada (isso é só para parecer chique no último e para dar certo respaldo às minhas baboseiras). Adoro análise do discurso e estou analisando o meu agora. É engraçado, para não dizer completamente incompreensível, porque eu vou de um assunto a outro numa velocidade alucinante – é que me distraio com as palavras e os assuntos –, afinal, tudo é tão fascinante!

Tenho de ser cautelosa, porque o bipolar tem uma tendência a desenvolver uma perspectiva diferente da de outras pessoas. Quero dizer com isso que ele vê o que lhe é conveniente se a realidade for muito dura. Eu não sei dizer se todos os bipolares são assim, já li que existe essa tendência. Quanto a mim, sei que faço isso. Não é que o bipolar seja um mentiroso, o que ocorre é que ele tem uma distorção da percepção das coisas, como se criasse outra dimensão do fato e constantemente esquece coisas que fez ou disse – eu não disse que tinha muito a ver com a esquizofrenia? Eu falei!

Fiquei bastante surpresa em saber que o famoso presidente dos Estados Unidos, Abraham Lincoln, era bipolar. A minha surpresa se deu porque não fazia ideia de que o transtorno já era conhecido há tanto tempo. Bom, podem ter chegado a essa conclusão por meio de relatos sobre a vida dele.

O guitarrista Jimmy Hendrix era bipolar e se afundou nas drogas, tanto que morreu de overdose, confirmando a tese de que os bipolares têm tendência a se tornarem dependentes de drogas. Mas há que se levar em consideração a época em que Hendrix viveu. Assim como ele, várias lendas do rock morreram de overdose, como Jim Morrisson – maravilhoso é pouco para ele.

Tenho mania de querer saber de onde as bandas de rock ou pop tiram seus nomes. É um daqueles *hobbies* malucos. O grupo de Jim Morrisson, *The Doors*, teve seu nome inspirado em um poema de William Blake que fala sobre *the doors of perception* (as portas da percepção) – achei legal essa informação e quis partilhar, coisa de bipolar.

Ah, voltando ao assunto, Janis Joplin, por exemplo, até onde pesquisei, não era bipolar, mas já nem sei. Sabiam que essa galera toda morreu aos 27 anos de idade? Deve ser um número cabalístico, essas coisas misteriosas que, confesso, eu adoro. São abobrinhas deliciosas. Coisas de signo do zodíaco também (até tenho uma tatuagem do símbolo do meu signo, Gêmeos, mas o tatuador resolveu "estilizar" e acabou parecendo o símbolo do número PI. Isso mesmo! E *odeiiiiiiiio* matemática. Quando tiver dinheiro, a primeira coisa que vou fazer é mandar consertar (pelo andar da carruagem, vou ser enterrada com o maldito número PI).

Beethoven era bipolar e foi uma pessoa extremamente difícil, seu comportamento era incompreensível e muitos achavam que era louco. Refugiava-se na música que, com certeza, aliviou seu sofrimento. Sua música é forte, poderosa e reflete sua personalidade. Ele é um exemplo de bipolar cuja personalidade era muito forte. Para muitos era excêntrico, mas quem pode saber o que sofreu? Convenhamos, essa galera que eu estou citando era *de-mais!* Churchill também é outro bipolar famoso, um estrategista, muito perspicaz, inteligente e irônico, *eba*! Tenho verdadeira adoração por gente irônica. Manipular a ironia não é pra qualquer um não, há o limiar tênue entre o ofensivo e o irônico.

O cantor Sting, um dos criadores da banda *The Police*, também faz parte do grupo bipolar. O ator Robert Downey Junior é um exemplo de como o TAB pode destruir seus portadores, já que quase acabou com sua carreira por causa das drogas.

Outro ator que só faz comédias e é bipolar é Ben Stiller. Em uma entrevista que deu certa vez, disse que só fazia comédias porque gostava mais de seu lado eufórico e tinha aversão à depressão, por isso foge de assuntos sérios. Charles Dickens, o grande escritor inglês, era comprovadamente um camarada bipolar.

Não tenho a intenção de dizer que bipolares são mais inteligentes, ou mais criativos, que ninguém. Minha intenção é mostrar que podem ser bem-sucedidos e desenvolver suas carreiras. Até hoje, tentam compreender o suicídio de Hemingway. Foi com certeza em uma crise depressiva. Resolveu alguma coisa? Só nos privou de um excelente escritor, nada mais – pense nisso antes de fazer bobagem.

As alarmantes (para não dizer completamente loucas) pesquisas mostram que os bipolares têm 30 vezes mais chances de cometerem suicídio. Eu não sei se esses dados são confiáveis, não. Quem disse isso devia estar perturbado ou deprimido, pensando em se matar – quem sabe era bipolar em episódio de depressão? Bipolares são sabidamente exagerados – ou será que era mentiroso? Ou será que era um mentiroso-bipolar?

Eu mesma deixo bem claro que a ideia de suicídio já me passou inúmeras vezes pela cabeça. Desafio qualquer um a afirmar que essa ideia nunca lhe passou pela cabeça, o que faz a ideia bem normal; afinal, a gente não quer ser normal? Ou será que não? Para ser totalmente franca, não quero ser normal, não. É muito chato. Ainda bem que tenho filhos, senão eu não sei o que poderia ter acontecido – desculpa furada, porque há montes de suicidas que tinham filhos, eu sou é muito covarde. Pareço até o Scooby-doo. Meu caçula puxou a mim. A gente o apelidou de "Scooby-loo" – sabem o sobrinho do Scooby-doo, aquela gracinha?

Os bipolares podem ter comportamentos extravagantes, eufemismo para maluco mesmo e apresentar excitação exagerada – gente, isso é bom. Vibrar com a vida é muito bom, só crianças conseguem fazer isso – considere então uma dádiva, meus queridos camaradas. Chato mesmo é aquele pessoal insosso que não reage, parece até que está em coma.

Minha família confirmou os sintomas em mim. Mas eu tenho certeza de que o fato de eu ser portadora de TAB intensificou a depressão pós-parto. Foi a primeira vez que tive contato com depressão. Foi o meu primeiro episódio de hipomania – achei legal essa palavra, então a frase é só de efeito. Há quem discorde, mas é o que eu acho. Além do mais, meu marido não queria filhos e se afastou muito de mim durante a gravidez e depois que o bebê nasceu. Hoje ele adora os filhos, tanto que quis outro, porém, naquela época, foi difícil para ele e mais difícil ainda para mim. Imagine você ter que aturar uma gravidez e ainda por cima passar por isso.

Deus não foi muito justo com as mulheres, não (ah! E abrindo parênteses, só para variar, eu acho gravidez a pior coisa do mundo). Fico p... da vida quando ouço essas mulheres falando que ficam em "estado de graça", que adoram a barriga, que curtem a gravidez. Não consigo deixar de desconfiar disso – a gente engorda, passa mal, vai ao banheiro de cinco em cinco minutos, nosso corpo fica deformado, dá dor nas costas, hemorroidas, pressão alta; por favor, me poupe, elas embarcaram totalmente nessa de Poliana.

Não me levem a sério, eu não faço a menor ideia. Fazendo aqui uma analogia, é como se eu não acreditasse que as mulheres têm orgasmos múltiplos só porque eu nunca tive! Morro é de inveja dessas mulheres... Múltiplos!?

Quando eu tive meu bebê, pensei que havia ganhado o tão esperado filho e que havia perdido o marido. A atitude dele contribuiu muito para a depressão que tive. Ele agiu de modo muito estranho, mudou de quarto, não falava comigo e disse que eu ia arruinar sua vida. Querem mais? Não o culpo, pois cada um tem seus problemas e sei que não fez de propósito, foi uma reação alheia à sua vontade. O cara é legal, não ia fazer isso comigo de propósito.

Já participei de *chats* sobre o assunto na internet e há grupos de ajuda para pessoas portadoras de TAB. Participei de alguns e não achei proveitoso, o que não significa dizer que não seja útil (lá vou eu de novo).

Andei pesquisando e soube que existe uma associação chamada Abrata, formada por familiares, amigos e portadores do Transtorno Bipolar, algo parecido com os Alcoólicos Anônimos. Para ser totalmente franca, eu achei o troço chato pra caramba, um monte de gente se lamuriando; enfim, um saco, mas há quem goste. Se fizer sua cabeça, vá em frente, sou a favor da liberdade de escolha, vocês já estão carecas de saber. Devo admitir que outro dia entrei no chat dos bips (tratamento carinhoso para meus amigos bipolares) e foi bem legal.

Tive um papo com um cara muito inteligente e ele era muito irônico, do jeito que eu gosto. Afinei com ele, que se amarra em cinema, literatura e queria se suicidar. Eu acho que consegui fazer com que ele mudasse de ideia porque ele prometeu que só o faria depois de ler meu livro. Ai, espero que este livro surta algum efeito em você, amiguinho, faz isso, não... Quero ouvir sua opinião sobre o livro, é importante pra mim.

O transtorno é mais comum do que se possa pensar. É bom saber que há outros bipolares "flanando" por aí para que o portador não se sinta abandonado, incompreendido e alienado. É bom saber também que os exemplos de gente inteligente, produtiva, genial, especial e original que sofre de TAB estão em toda parte, o que ajuda o bipolar a conservar sua autoestima e mesmo construir um conceito mais positivo de si mesmo. O fato é que se a gente tivesse um grande talento pra compensar, quem sabe até valeria a pena, mas somos apenas reles criaturas. O Transtorno Bipolar é uma doença tratável e isso significa muito para os portadores. Temos de considerar isso como uma grande sorte e tome Poliana – falo muito nessa tal de Poliana e para quem não faz ideia do que eu estou falando, é uma referência a um livro escrito lá nos idos anos de 1970 – creio eu – em que a personagem principal, a "Poliana", só enxerga o lado bom das coisas.

Ao mesmo tempo, há muitas pessoas que usam a doença para justificar suas atitudes e, como a bipolaridade está meio que "em voga", muitos se aproveitam para culpar um distúrbio que não têm para tirar proveito de situações conflituosas. Não os culpo, espertinhos, porém a atitude é muito inconsequente, já que se conhecessem a doença e soubessem do que estão falando, não achariam tão engraçado ou natural brincar de bipolar.

O meu diagnóstico – o dia "D"

Procurei um psiquiatra porque tinha muita insônia e ansiedade. Nunca havia tido isso antes, e já tem mais de dez anos. Ele me receitou ansiolíticos. Todo mês eu ia lá e, como meu plano só cobria uma consulta por mês e o consultório estava sempre apinhado, era um verdadeiro sofrimento. Cheguei a esperar três horas para ser atendida. Ufa! Isso para um bipolar é uma verdadeira tortura e para as pessoas em geral é horrível.

Eu também tinha uma oscilação de humor superestranha. Acordava cantando e ia dormir chorando, coisas assim. Infelizmente eu não tinha encontros suficientes com o médico para que ele chegasse a qualquer conclusão. E eu estava sempre tão agitada e nervosa que não desconfiava que pudesse haver algo de errado comigo. Era estresse e pronto. E como hoje em dia quase tudo é atribuído ao estresse, eu me achava "normal". Nessas horas é bom ser rico, porque aí você pode pagar um profissional decente, que vai avaliar você e dar-lhe atenção sem ficar olhando para o relógio a todo minuto.

Um belo dia, quando fui ao psiquiatra, estava inquieta e havia um rapaz esperando para ser atendido. Consultório lotado. Ambos estávamos ansiosos, nervosos, à beira de um ataque de nervos. Bem, começamos a conversar sobre nossos distúrbios e falávamos alto; parecia nos comprazer o fato de que estávamos de certa forma chocando quem estava aguardando, mas não conseguíamos nos conter. Era uma forma de liberar a tensão.

Ele me perguntou: "Por que você está aqui?" Eu respondi: "Porque sou maluca, e você?" Ele: "Mamãe está me obrigando". Eu: "Por quê?" Ele: "Já fui expulso de quatro escolas e na última eu mandei a professora tomar no c... e ela me pôs pra fora de sala. Bem, eu saí, mas fui ao estacionamento e furei os quatro pneus do carro dela". Eu desatei a rir e perguntei: "E ela mereceu?" Ele: "O que você acha? Aquela vaca tem mais é que se f... Eu odeio gente medíocre". Eu concordei na hora: "Eu também, cara, detesto gente medíocre e burra. Nisso eu concordo com você, é absolutamente intragável, não dá pra suportar".

Depois ele me contou que colocou um produto químico no xampu de uma ex-namorada, porque ela meteu o chifre nele. "Tudo bem, vagabunda, pode me chifrar, mas em compensação, vai ficar careca" – disse ele. De novo, desatei a rir, disse que a fulana definitivamente mereceu.

Uma mulher que estava ao lado se meteu na conversa e disse: "Você não tem vergonha de ficar aplaudindo e achando bonito as doideiras desse menino?"

Eu respondi com aquele ar *non-chalant* que me é peculiar e que costuma irritar profundamente as pessoas: "Não". E continuei a conversar com o guri, que era uma figura mesmo.

Ele me contou que estrangulou o cachorro do vizinho, porque ele estava assistindo a um jogo e o cão estava atrapalhando. Ele me perguntou se já tinha feito alguma coisa parecida. Eu respondi que já fiz muito pior – o que é mentira, porque sou contra a violência física. Violência para mim só nas palavras, e como. Mas não quis ficar por baixo.

Ele: "Pior? Dá um exemplo". Pensei na hora: "Ai, espero não dar nenhuma ideia a este menino".

O médico abre a porta e é a minha vez. Fica primeiro observando minha conversa com o rapaz, que devia ter seus 16 anos de idade. Ouviu e olhou atentamente. Depois, já no consultório, perguntou se eu conhecia o fulano, disse que era a primeira vez que o via. Ele me deu um folder contendo um questionário e pediu que marcasse todos os sintomas que achava que tinha. Tinha todos. Daí me perguntou: "Já ouviu falar em Transtorno Afetivo Bipolar (TAB)?" Pois foi assim o diagnóstico.

Perguntei ao médico como ele chegara àquela conclusão. Fiquei curiosa. Ele me perguntou se eu achava que o meu comportamento na sala de espera era "adequado", comparando com o de uma pessoa mediana que estivesse na mencionada situação. Eu reconheci que já estava ansiosa e chateada por ter que esperar tanto e tinha que fazer algo para aguentar esperar. Eu tinha noção de que aquela conversa em meio a estranhos não era "normal", em relação ao que a maioria das pessoas consideraria como tal. Conceitos de normalidade podem variar sensivelmente.

Claro que não estava devidamente "adequado" aos padrões de comportamento do chamado "homem médio". Refleti bastante e comecei a observar mais a mim mesma e criticar minhas próprias atitudes. Foi bom e ruim ao mesmo tempo, porque dá medo de dizer ou fazer coisas não propriamente erradas, mas que possam causar problemas a mim mesma. Já tinha ouvido falar, uma colega me contou uma vez que era bipolar e eu achei superestranho. Ela não gostava que os outros soubessem e me pareceu bem grave.

Confesso que fiquei chocada, afinal de contas o nome da doença era também "psicose maníaco-depressiva"! Depois inventaram "Transtorno Afetivo Bipolar", sem dúvida bem melhor. Fiquei triste e com vergonha ao mesmo tempo. Fui tomada por um tremendo sentimento de inadequação social. Sentia-me inapta para ter amigos e conservá-los. Sentia que eu não era dona de mim mesma e nem de minhas palavras. E parece que quanto mais eu tentava, pior se tornava a situação, já que eu ficava nervosa e "pisando em ovos" com pessoas que eu queria que gostassem de mim na realidade. Acabava falando demais, dizendo o que não devia em uma verborragia tresloucada e o pior de tudo é que durante a conversa eu me dava conta, só que não conseguia parar! Depois ficava chateada e me culpando por não ter sabido me controlar, ou porque havia magoado alguém, ou qualquer coisa do gênero... Essa minha dramaticidade ainda vai me dar sérios problemas.

Eu simplesmente não aceitava o diagnóstico, nem a doença e ignorava os remédios. Depois de certo tempo, resolvi experimentar, mas achava que não fazia a menor diferença, mas fazia sim. O grande problema é que eu não tomava nos horários corretos, esquecia "sem querer" e o médico não acertou de cara a dosagem, foi experimentando até chegar naquela que deu algum resultado.

O que mais me afetou foi o fato de descobrir que seria dependente de remédios pelo resto de minha vida. Fiquei abalada com a ideia, porém, não sejamos "bipolarmente" dramáticos, pode acontecer com qualquer um. Não, não sou tão conformada assim. Aliás, devo dizer que sou inconformista por natureza. Quando é com a gente, tudo muda de figura, não há como evitar o famoso "por que tinha que ser justamente comigo?"

Pelo que pesquisei sobre o assunto, o TAB não se manifesta em crianças, mas tenho lá minhas dúvidas já que as pesquisas demonstram que há vários casos. O maior problema é a complexidade do diagnóstico. Não fui logo acreditando no primeiro médico. Fui a mais cinco médicos para ter certeza e afinal tive que me render. Minha mente se recusava a aceitar e eu relutava em me entregar a tratamentos que envolviam remédios fortes e, pior de tudo, não tinha cura, o que significava dizer que a medicação era para sempre. Essa era a pior parte, sem sombra de dúvida.

A participação da família é muito importante para o diagnóstico. Os mais próximos devem observar sintomas e acompanhar os tratamentos. As pessoas que convivem com bipolares também têm de ser "tratadas", melhor dizendo, treinadas a conviver com uma pessoa que tem a doença.

Muitas vezes, o simples fato de saber do que se trata o TAB é suficiente para uma pessoa próxima mudar sua atitude e conviver melhor com o bipolar. O problema é o bipolar nem sequer saber que é.

Aceitando o distúrbio – há outra opção?

Não foi nada fácil. O processo foi lento e eu me rebelava, ficava zangada por ter que gastar dinheiro com medicamentos – principalmente com essa parte, pois dinheiro é para bolsas – e a ideia me dava engulhos (palavrinha que acho legal pacas – para quem não conhece, quer dizer dá vontade de vomitar). É muito importante a pessoa se aceitar e não lutar contra o transtorno bipolar, do contrário ela só vai sofrer ainda mais – sei que estou me metendo onde não devo, cada um é que sabe. E se o sujeito for masoquista? Não consigo entender minha relutância, pois sempre fui corajosa e enfrentei os problemas de frente. Talvez não admitisse que uma pessoa como eu pudesse ter um transtorno desses – pedante isso aqui, né? Por que como eu? Eu sou especial, por acaso?

É importante que as pessoas à sua volta, as mais íntimas, tenham noção de que você tem um problema e de que precisa de ajuda, mas, digo por experiência, ninguém quer de fato ajudar. Todo mundo fica de saco cheio, querem apenas dis-tân-cia. Participação e, principalmente, compreensão nos momentos de crise é o que o bipolar precisa, só que todo mundo pula fora, exceto mãe, bom, pelo menos a minha. Família de cônjuge – palavra funesta –, então, quer ver você em um foguete em direção ao planeta mais distante da galáxia, desconhecem a palavra compreensão, só conhecem outra, a tal da "normalidade", serenidade e lobotomia. Acho que desta última eles gostam.

Confesso que chorei muito quando me informei mais sobre o TAB e percebi a gravidade. Fiquei triste e desapontada, porque é uma coisa que foge ao meu controle. Vi que havia explicações para várias coisas que aconteceram em minha vida por conta da doença. Coisas que me fizeram sofrer e afetaram outras pessoas também. Tenho muito remorso por coisas que fiz e não posso mais desfazer. Pelo menos, nós, bipolares, conhecemos a palavra remorso. E os psicopatas a quem nunca essa palavrinha foi apresentada?

Descobri, então, por meio do meu diagnóstico, que o meu pai também tinha TAB. Caiu a ficha da minha mãe, ela sempre lidou com isso com muita paciência e amor; no entanto, não tinha a menor noção de que se tratava de um distúrbio que tem tratamento. Lembro-me das longas depressões de meu pai e de sua megalomania. Quando estava eufórico queria comprar o mundo para a gente (eu embarcava nas doideiras dele, era um barato). Às vezes era falastrão e exagerava, contava vantagem, dizia que ia comprar coisas caras e eu me lembro que mamãe morria de vergonha – não sei por que, mãe, ninguém *tá* nem aí, e meu pai era um cara muito legal. Até os filhos ficavam sem jeito (menos eu, é claro – sou completamente imune, nada me deixa sem graça, é uma atitude típica do bipolar, sou do tipo "extrovertida" –, ninguém consegue me deixar constrangida).

Certa vez, fui a um psiquiatra que me perguntou se eu havia tido algum episódio de megalomania, como gastar demais, algo assim, e eu, com a cara mais lavada, disse que não. Eu simplesmente apaguei da minha memória, e meu marido e minha mãe deram um jeitinho de refrescá-la. Uma vez eu gastei horrores e estourei o limite do cartão de crédito, e quem teve que pagar foram eles.

Quando minha mãe me disse que eu devia 50 mil reais a ela fiquei indignada! Ela me mostrou o controle dos cheques. Chorei a noite inteira, como fui capaz? Eu me senti uma perdulária, sem controle e sem nenhuma responsabilidade. E como fui "esquecer"? Eu esqueci o que me era conveniente esquecer. Eu não menti para o médico, realmente apaguei da minha memória como mecanismo de defesa, para não sofrer, porque sempre me considerei uma pessoa responsável. Sei lá, é um episódio meio obscuro.

A megalomania que se apossa do bipolar pode ser perigosa, levando-se em consideração que ela pode dilapidar todo o patrimônio. Já li sobre casos assim, em literatura sobre o assunto, e é mesmo impressionante, a pessoa sai de si. Enquanto ela está só no sonho megalômano, tudo ainda está bem, mas quando parte de fato para concretizar uma loucura qualquer, tudo fica muito complicado, visto que o bipolar não vai apenas se prejudicar, mas também a outrem.

Li uma crônica de um bipolar abastado. Ele quis comprar um submarino, parece até brincadeira, mas é ultralegal. Acabei conhecendo essa pessoa e ela é incrível. Eu tinha certeza de gostar dele, porque uma pessoa para ter uma ideia dessas só pode ser muito interessante e legal! E não é que ele é mesmo? Estou extasiada com essa pessoa. Ele é inteligente, sensível e rico! Será que consigo ficar rica também? Se ele é bipolar e conseguiu... Bem, o bom de ser rico é que você não tem que ficar mendigando pra ninguém – é porque eu vivo assim, já que não consigo manter nenhum emprego –, além de ter dinheiro para pagar psiquiatras melhores.

Causas. Não se iludam: eu não sei, você não sabe e ninguém mais sabe. (Ai, como sou exagerada!)

Gosto muito de entender as coisas, sempre fui curiosa em relação a tudo e o comportamento humano não foi, e nem é exceção – eu e meus eufemismos, sou é xereta mesmo. Infelizmente para mim, durante minhas pesquisas sobre TAB, percebi que os médicos e cientistas não sabem ao certo o que causa o distúrbio. Que decepção! Verifiquei que o lítio é a melhor substância para tratar TAB, descoberto por puro acaso. É claro que foi por acaso, essa cambada não tem competência nem para descobrir um remédio propositalmente.

O lítio é usado para tratamento de gota e os médicos perceberam que os psicóticos maníaco-depressivos mostravam uma sensível melhora com o tratamento. De fato, é um medicamento que não cura, já que TAB não se cura, se controla, e o indivíduo pode levar uma vida normal se tomar o medicamento com regularidade. Só não pode parar, porque é muito perigoso. Já tentei e me arrependi profundamente, acreditem. Não pensem que o controle é total porque fatores externos desequilibram qualquer pessoa, imagine um bipolar.

Eu estava sendo medicada com outra droga, não específica para o TAB, mas que também o controla bem, um remédio para epilepsia – fiquei horrorizada quando li a bula –, que se mostra eficaz no controle do distúrbio, só que a dose é altíssima no meu caso. A dosagem é avaliada pelo médico, que prescreve o medicamento com antidepressivos e calmantes, quando necessário. Só o médico tem condições para isso. É sabido que não se deve tomar nenhum tipo de remédio por conta própria; o perigo é muito grande, principalmente para um bipolar. Isso tudo para mim parecia um pesadelo. Estava acontecendo comigo, não era um filme, um livro nem uma história – era a minha vida, era "eu".

O remédio inicialmente me fazia mal ao estômago. Finalmente, lançaram um mais moderno, sem danos ao aparelho digestivo. Funciona como um "moderador de humor", é uma pílula cinza, enorme, de meter medo mesmo, mas vá lá, funciona. Descobri que há uma infinidade de remédios moderadores de humor. Eu não fazia ideia de quantos.

Fico revoltada por não saber a causa. É uma droga não saber a bendita causa de uma doença que traz tantos problemas. É hereditário? Talvez, meu pai tinha. As pesquisas não são conclusivas. Talvez os médicos não estejam se empenhando o suficiente para achar a causa – tenho que culpar alguém. É psicológico? Não creio, apesar de o estado psicológico da pessoa alterar o distúrbio para mais ou para menos. Há classificações de TAB; um psiquiatra renomado o classifica em 11 tipos! Para mim é demais! Na minha ignorância de apenas portadora do transtorno, eu acho que há graus de bipolaridade, sim. Pode chegar a ser bastante grave, mas 11? Prefiro a classificação da escala de 1 a 6, mais conhecida e a mais usada.

Não há consenso em relação a esse assunto, porém eu continuo achando que é uma disfunção química e pronto. Fico feliz que seja assim, então é, ponto final. Meu amigo concorda comigo, aquele que conseguiu ter sucesso, mesmo sendo bipolar – meu ídolo!

Há muitos casos de pessoas que se suicidaram em episódios depressivos. Li a crônica de um portador de TAB que disse preferir qualquer doença à depressão, até mesmo AIDS ou câncer! Aquilo me chocou, inicialmente. Devo confessar, no entanto, depois de ter sido apresentada à depressão, que concordo com ele. A depressão é a própria negação da vida. É a "antivida". Você não sente vontade de fazer nada, nada dá prazer, tudo é triste e sombrio. É indescritível, só quem passou por ela sabe o que quero dizer.

Por acaso, é o mesmo cara do submarino, que se tornou meu amigo. Sinto-me tão compreendida por ele. Outro dia, eu estava mal e peguei o carro, estava rodando por aí e resolvi bater à porta dele. Não havia ninguém em casa, eu me sentei na grama e chorei baixinho e me senti confortada mesmo assim, só de saber que ele existe e que só não estava em casa, mas eu ia poder encontrá-lo mais tarde, ou amanhã. Ele tem tanto bom gosto para música, literatura e é, ao mesmo tempo, tão simples e tão afável. Reclamou porque eu praticamente só citei "gringo" no meu livro, tirando o Roberto, o Chico, e eu disse zangada: "Citei o Augusto dos Anjos e o Renato Russo também!" Mas ele não se deu por vencido e disse: "Não é suficiente". Então, em homenagem a ele, vou mencionar outros brasileiros maravilhosos na primeira ocasião, aguardem. Não vou citar brasileiros bipolares, apenas os geniais – talvez até sejam bipolares, mas não faz nenhuma diferença.

Não consigo compreender por que o TAB não tem causa. Tem que ter uma. Nego-me a acreditar que seja aleatório. Em minha opinião tem causa, porém ainda não descobriram, o que muito me espanta, dada a evolução da medicina, digo a incompetência da medicina – não me levem a mal, sou uma revoltada. A psicose maníaco-depressiva, ou TAB, como eu prefiro, é um desafio para os psiquiatras e psicoterapeutas. Até hoje não se sabe o que o causa, mas as estatísticas revelam que há mais mortes devido a distúrbios de humor do que homicídios e hipertensão. Hoje, já há vários diagnósticos da doença em crianças, ideia que nem sequer era aceita antes. É bem mais difícil diagnosticar a doença em adolescentes pelo fato de a adolescência se caracterizar como uma fase difícil por si só.

Observar atentamente é fundamental. Tanto o adolescente quanto a criança apresentam um quadro de excitação, apatia e acessos de raiva, assim como os adultos. Atenção! Diagnosticar doideira é doideira, não dá e ponto final. As pessoas tendem a pensar que é coisa passageira, própria da idade. Pode ser e pode também não ser.

Acredita-se que o TAB pode ser causado por um distúrbio químico cerebral nos neurotransmissores. Eu considero a hipótese bem viável. Aliás, esta foi a primeira explicação que tive do transtorno. Depois vieram outras, porque cada um acha uma coisa. Eu, particularmente, acredito que há mesmo um distúrbio de ordem química associado a outros fatores.

Cientistas do mundo inteiro, pesquisadores, onde estão vocês? SOS!

Eu e os meus "casos"

Infância *light*

Tenho certeza de que nasci com esse distúrbio, apesar de minha mãe negar. Supostamente, o TAB só se manifesta na adolescência ou na fase adulta. Não concordo com nada disso.

Minha mãe diz que eu era linda e fofa – grande coisa para uma mãe dizer, altamente confiável –, não parava de falar, parecia uma "matraquinha" e sentava no colo das visitas e dizia coisas do tipo "mamãe não gosta que a gente fale...", e aí começava a soltar todos os palavrões que a minha cabecinha de 4 anos conseguia lembrar! Essa atitude é típica de bipolar. Meu Deus, não consigo parar de pensar que aquelas visitas deviam achar que eu era uma garotinha exibida e mal-educada pra danar! Ai, dá vergonha só de pensar! E quando meu pai contava (inúmeras vezes) que eu, com 5 anos, respondi a alguém que perguntou meu nome: "Eles me chamam de Dadá, mas intelectualmente eu me chamo Claudia". Ai! Pode algo mais pedante?

Inteligente? Pra frente? Loirinha bonitinha? Sei lá, não me lembro de nada antes dos 6 anos. Só lembro de ser muito afagada por meu pai, muito arrumada com lacinhos por mamãe e muito beijada e abraçada por ambos. Acho que era uma criancinha bem feliz, dava chiliques e fazia birra, gostava muito era gritar e aparecer, eu acho. Devia gerar um ciúme imenso em minha irmã mais velha que era a minha antítese, não gostava de pentear os cabelos e gostava de fazer tortas de barro (que horror!).

Era boa aluna e estudava em escola de freiras, mas não quis fazer primeira comunhão porque não acreditava que aquilo era o sangue de Cristo, corpo de Cristo blá, blá, blá; foi o maior "quiprocó" na escola e minha mãe não quis me forçar, considerado por todos um absurdo. Não, não abracei outra religião. Nunca abracei nenhuma, confesso que adoro a liberdade de poder acreditar no que quero. Não consigo entender por que é que eu fico criando caso com tudo. Custava eu ir lá e fazer uma boquinha? Comia a tal da hóstia e bebia um pouquinho do tal do vinho e pronto, não teria confusão. Mas não, como sempre, eu tinha de causar polêmica. Alguém por aí é assim também? Queria tanto compartilhar esse negócio com outra pessoa que fosse assim também. Deve ser impossível, nem eu mesma me aguento, devo ser a tal da aberração do Foucault e pronto.

Mamãe era "pró-eu". Ficava sempre do meu lado. Deve ter até cometido algumas injustiças. Eu e mamãe éramos, somos e seremos sempre muito ligadas. Devo dizer que a instintiva compreensão dela foi fundamental na minha vida. A de papai também. Eu dei muita sorte, não vou negar —

apesar de ter nascido no ano do dragão e de ser geminiana. Então, devo reconhecer que a infância foi legal. Interior, muita liberdade, muitos irmãos, pai de verdade, mãe de verdade, papai Noel de verdade, festas juninas, dálmatas, pastor alemão, pintinhos, Páscoa... Era uma festa! Papai escondia ovos por toda a casa. Ganhava sempre a boneca desejada no Natal, muito esperada porque só ganhava presentes no aniversário e no Natal. Mas ganhava todos com os quais sonhava o ano inteiro. Normal. Tudo normal? Até aqui.

Episódio bipolar da infância foi aos 8 anos, quando *todas* as crianças da rua já sabiam andar de bicicleta, menos eu. Minha mãe: "Querida, você não aprende porque tem medo de se machucar, de cair. Todo mundo leva uns tombos quando aprende a andar de bicicleta". Ah, aí estava o segredo: tombos! Passei o dia inteiro na rua, era um domingo e voltei sorrindo, toda alegre e com escoriações por todo o corpo. Minha mãe horrorizada disse que eu não precisava exagerar daquela forma e me levou à farmácia para fazer curativos e eu mais que prontamente respondi: "A senhora não disse que era pra cair mesmo senão não aprendia?" Fiquei confusa, porque segui o conselho à risca!

Desde esse dia, minha mãe começou a tomar muito cuidado com o que me dizia. Eu levava as coisas muito ao pé da letra, era extremamente persistente, como sou até hoje, e chorava copiosamente quando frustrada, o que podia se inverter em questão de minutos.

Quando quis colocar brincos, fiquei indignada com minha mãe, porque não tinha mandado furar quando eu era bebê. Eu tinha 5 anos. Disse à minha mãe que queria ter as orelhas furadas. Ela me explicou que era com a agulha, que doía, blá, blá, blá. Eu fui irredutível. Minha mãe me levou à casa de uma mulher que furava as orelhinhas das minidonzelas da cidade e a mulher pegou uma rolha, desinfetou a agulha, colocou a rolha atrás do lóbulo da minha orelhinha e meteu a agulha com tudo (ela disse que de uma vez doeria menos). Não soltei um gemido sequer. Apenas uma lágrima escorreu pela minha bochechinha, mas eu disfarcei, nada de dramas.

Tinha e tenho uma personalidade fortíssima e obstinada. Bem, ainda sou assim quando quero algo. Não sossego até conseguir. Por vezes, até colocando em risco minha saúde ou causando alguma espécie de prejuízo a mim mesma. Sou obstinada e não gosto de ser tão radical. Aliás, é um sentimento bipartido, porque ao mesmo tempo em que gosto de ser persistente e me orgulho desse aspecto da minha personalidade, também me prejudico por não saber onde parar, o que chega a me causar até danos físicos e psicológicos. Fico quase frenética quando quero muito alguma coisa e isso por vezes me preocupa. Não suporto quando as pessoas dizem: "Relaxe" – se alguém quiser me irritar, diga isso em tom sério. É simplesmente impossível para mim, esse verbo não consta do meu dicionário e parece que a pessoa está me jogando na cara que sou uma perturbada. Não é necessário, eu já sei, droga!

Encontrei outro dia uma grande amiga de minha mãe, nossa vizinha quando eu era pequena. Ela me disse que eu sempre tive certa "rebeldia velada", apesar de ser "boazinha". Era uma coisa tipo Leno e Lilian, lembram? "Eu, sou rebelde porque o mundo quis assim..." Esta eu tirei do baú, hein? Bem, voltando à vaca fria, pois é, essa vizinha conseguiu enxergar em mim uma rebeldia que nem eu mesma sabia que tinha e que ninguém mais conseguiu detectar.

Imaginem vocês, desde a mais tenra idade ter essa "verve" toda, essa coisa que queima por dentro, não me deixa aceitar nada antes de discutir (e como). A minha querida ex--vizinha me contou que enquanto todas as meninas ficavam brincando, pulando e se acabando, eu ficava compenetrada escrevendo coisas e desenhando com giz na calçada. Achei essa informação muito valiosa, preciosa mesmo.

O dia em que John Lennon morreu

Causar polêmica sempre foi meu prato preferido. Que coisa! Nunca cheguei a entrar em "guerrilhas", não, mas o negócio sempre ficava martelando. Lembrei-me agora da música do John Lennon, *Mind Games* – ele fala em guerrilhas mentais. Acho essa metáfora dele tudo de bom. Que coisa linda – guerrilhas mentais. É como se fosse assim uma batalha interna constante. Identifico-me com esse negócio. Aliás, me identifico com o John, desculpe a intimidade, mas é que é tão, mas tão familiar pra mim! Eu sei as músicas dele todas de cor e não estou brincando!

Eu estava na Inglaterra quando ele foi assassinado. Quando me falaram na escola eu duvidei, porque antes já tinham inventado que o Paul McCartney havia morrido. Quando saí na rua e vi aquele monte de gente chorando, me dei conta que era mesmo verdade. E olha que os ingleses têm aquela "fleuma" e não costumam demonstrar emoções assim tão facilmente. Pois nesse dia eles demonstraram. Chorei muito e depois descobri que aquele belo ensaio fotográfico de Annie Leibovitz foi feito no dia da morte dele.

Sabe aquela foto em que Yoko está vestida e John nu em posição fetal? Lembra algo "Ying Yang" essa foto. Que tristeza, que sentimento de perda eu tive. Eu não idolatro ninguém porque desconheço esse tipo de sentimento, mas eu admiro pessoas que têm talento, sensibilidade e que quando se vão deste mundo deixam um legado inesquecível como o de Lennon. Letras que descem redondinhas, feito um néctar suave pela garganta, o tom certo, a palavra exata, o sentimento correto em um momento mágico.

A música dele é assim, forte, frágil, intensa, agressiva, mansa, agressiva e emite emoção, faz o coração da gente tremer. Ele me acompanhou e acompanhará por toda minha vida, trazendo beleza e contribuindo para eu ficar melhor. Lembro que ele foi criticado pelo seu último disco. Pois experimentem ouvir *Watching the Wheels* e mudem de ideia na hora, sem nenhuma vergonha de virar a casaca porque a canção é linda, é forte, é ele. Na canção, ele sabia que já não estava no auge da carreira, mas no auge da vida – o que é muito, muito mais importante.

Diziam que ele estava decadente, pois ele mostrou ao mundo que não, nunca seria decadente, assim como outros artistas jamais o serão. Eles sabem que o auge e a fama já passaram, mas o talento e a sensibilidade de artistas assim perduram para sempre na memória coletiva das pessoas, mesmo para quem não fala inglês. Minha mãe adora John Lennon e não entende sequer uma palavra de suas canções. Isso porque a linguagem dele é universal, o sentimento que passa é capaz de transcender até barreiras culturais e linguísticas. Mesmo quem não gosta, respeita. Eu não idolatro, admiro, pois considero a beleza e o talento, não só o dele, mas de todos aqueles que se expressam e emocionam os outros. É um dom, uma dádiva, um presente divino. Saudades de você, John Lennon.

Falando em fleuma inglesa, fui assistir a um show do Eric Clapton, no Royal Albert Hall. Nunca vi uma plateia tão desanimada em toda a minha vida! O pessoal nem levantava da cadeira, aplaudia como se estivessem com sono, e eu ali, vibrando, sentindo-me a mais feliz dos mortais – estava vendo e ouvindo Eric Clapton! Eu adoro as músicas, adoro tudo nele e fiquei com vontade de pular no palco e gritar: "O que há de errado com vocês? Este aqui é o Eric Clapton!" Choques culturais. Ignorem.

Pré-adolescência e ketchup

Continuo com sérias dúvidas quanto à faixa etária em que o "fenômeno" se manifesta. Tenho lido inclusive alguns artigos, ultimamente, em que os pesquisadores já começam a reformular suas ideias a respeito. Muitos já admitem sintomas até em crianças de 8 anos.

Morei com minha avó uns tempos, porque meu pai trabalhava em uma cidade muito pequena e queria que frequentássemos uma escola melhor. Meus irmãos mais velhos já iam fazer vestibular. Fomos então para a casa da "vovó". A velhota era de lascar. Eu nunca gostei dela, pra começar, porque minha mãe a detestava. No final da vida dela, minha mãe já não guardava rancor e se dava até bem com ela, mas vovó era intragável. Vivia batendo na gente e proibindo tudo.

Como papai já se foi, posso meter o pau à vontade. Manifestava uma preferência escandalosa pelo meu irmão mais velho, era indescritível. Mãe que manifesta preferência por um filho em detrimento dos outros, é uma das coisas mais monstruosas que há. Uma mãe, por mais que se identifique com um filho, não tem o direito de fazer isso. Devia ser açoitada em praça pública, principalmente as que, além de demonstrar preferência, ainda falam isso abertamente para quem quiser ouvir, só para magoar. Psicopatas, só tem essa explicação para uma aberração assim.

Passa pela minha cabeça que as mães que fazem isso, ou avós que vejo fazendo também, como era o caso da minha vovozinha querida, devem ter sentimento de culpa porque rejeitaram seus filhos ou netos por alguma razão. Como os psicopatas são incapazes de sentir remorso, eu fico confusa, porque se fazem isso por terem a consciência pesada não podem ser psicopatas, que não sentem arrependimentos, mas são, sim! Deviam ser trancafiadas em uma instituição para doentes mentais e acorrentadas para nunca mais saírem de lá! Eu posso ser bipolar, mas jamais faria uma monstruosidade dessa. Sou uma bipolar com bom senso, por incrível que pareça – pelo menos sensibilidade eu tenho.

Pois bem, minha avó não deixava a gente sair de casa à noite e controlava tudo. Se queríamos muito ir a um show é claro que ela diria não, então eu e minha irmã pulávamos a janela e ganhávamos o mundo na madrugada. Teria dado certo se o táxi que a gente tomou não houvesse colidido com outro carro e a gente não tivesse ido parar no hospital. Por isso digo que sou mesmo é muito azarada!

Eu era muito agitada, qual pré-adolescente não é? Era extremista, ou amava ou odiava, mas o mais impressionante eram as brigas com meu irmão um ano mais velho. Eu simplesmente joguei uma peça enorme de metal, uma coisa decorativa que minha mãe tinha para decorar a mesa, em cima dele e por pouco não matei o coitado! Ele, por sua vez, quase me mata estrangulada. Acabei jogando um vidro de *ketchup* (daqueles bem grandões, porque lá em casa era tudo tamanho família) em cima dele, mas ele se desviou e a cortina e a parede ficaram manchadas.

Ficamos dias de castigo e horas limpando, esfregando e o troço não saía. Não joguem ketchup na cortina. Não sai. Quando me lembro da minha violência, fico amedrontada. Poderia ter matado o pobre. Mamãe ficou preocupada, mas a vida continua. Não tinha tempo pra perder com essas coisas porque, afinal, cuidar de seis filhos não é brinquedo. Mamãe e papai nos puniam na medida certa e quando diziam um sonoro "não", deixavam bem claro a razão.

Comecei a ter sérios problemas com matemática, física, química e todas essas disciplinas abjetas que nos fazem estudar quando eu já estava totalmente direcionada para as letras. Dava chiliques insuportáveis, não me conformava, discutia com os professores, queria subverter as regras e finalmente "fui passada" na escola e, para alegria geral da nação, passei em Letras para a Federal, no vestibular da Cesgranrio.

Antes de começar a faculdade, fui para a Inglaterra com 15 anos fazer um curso, foi demais. Meu pai não tinha condições financeiras de me proporcionar uma viagem como essa, mas eu, sempre obstinada, corria atrás e consegui uma bolsa. Ganhei um concurso de redação em inglês na escola e fui com tudo pago para a Inglaterra. Depois fiz intercâmbio nos Estados Unidos, fiquei na Califórnia em uma *high school* durante um ano, com bolsa de estudos. Também foi uma época maravilhosa. Eu fui para a Califórnia e naquele ano tinha estourado nas paradas aquela música do filme *Menino do Rio*, que era assim: "Garota eu vou pra Califórnia, viver a vida sobre as ondas, vou ser artista de cinema, o meu destino é ser *star*... O vento beija os meus cabelos, as ondas lambem minhas pernas, o sol abraça o meu corpo, meu coração canta feliz".

Até hoje eu canto essa música pra me lembrar de como fui feliz um dia. E como fui! A canção é do Lulu Santos, é a cara dele, embala a gente como se fosse uma corrente mansa de um rio e a gente se deixa levar. Meu marido sempre diz que guarda péssimas recordações dos anos de 1980. Eu não. Guardo as melhores, afinal era meio doidinha, mas não era bipolar ainda e eu me diverti demais nesse período! Só fiquei p... da vida porque o menino que canta a música no filme morre afogado! Já assisti a esse filme um montão de vezes, sei que é meio infantil, mas sabe quando remete? Remete de uma maneira doce e me faz reviver coisas tão pueris, consigo lembrar tão direitinho de quando tinha 15, 16 anos e quase ajo como se tivesse.

Lembro que a primeira vez que fui tentar o processo seletivo para conseguir a bolsa do intercâmbio, fui atropelada e o cara me levou na marra para o Hospital Miguel Couto, devido ao fato de eu ter dado com a cabeça no meio-fio e estar sangrando bastante. Tive que ser levada à força, gritava dizendo que estava bem, esperneei, implorei, mas ninguém acreditou. Eu chorei meses por ter perdido a prova, mas isso não me abateu. No ano seguinte, fui tentar de novo e passei em primeiro lugar. Era destemida, ávida por aventuras e por experiências. Papai queria muito que eu fosse, mas não tinha dinheiro pra me mandar e então eu corri atrás da bolsa e consegui. Meu pai me admirava por isso, eu também me admirava por ter tanta força de vontade. A bem da verdade, não a perdi, só não tenho mais papai como espectador...

Devo dizer que aprontei muito também. Quase me mandaram de volta. Tenho essa coisa de detestar que me obriguem a fazer algo que não tenho vontade e a minha família americana era de uma hipocrisia de dar gosto. Para começar, já queriam de cara me forçar a ir à igreja. Eu argumentei que havia preenchido um formulário em que ressaltava que não queria, em hipótese alguma, ser forçada a ir a qualquer tipo de igreja ou manifestação religiosa. Meu posicionamento me causou vários problemas. Finquei o pé e disse que não iria e pronto. Essa mania de procurar "chifre em cabeça de cavalo", já dizia o meu saudoso pai, ainda vai me trazer sérios problemas.

Como meus papéis deixavam claro o que eu havia afirmado, acabaram aceitando. Os filhos da família que me hospedou eram todos viciados em algum tipo de droga, mas as aparências eram mantidas. Ai, hipocrisia me enoja! Voltei para o Brasil e nunca mantive contato com eles. Só fiquei por causa da irmã americana que era legal. Estava nas drogas, me adorava e não queria me deixar voltar. Eu, como boa cúmplice, fiquei.

Seria fácil trocar de família por causa das drogas a que fui exposta. Eu nunca experimentei, tinha medo que acabassem com meus neurônios, essas coisas sempre me preocuparam muito (se naquela época eu já soubesse que sou totalmente desprovida deles, não teria ficado tão preocupada). Não era de beber, também. A única estripulia que fiz foi fugir com uns amigos para conhecer Las Vegas, já que os meus "pais americanos" não deixaram.

Meu pai nos "doutrinou" bem no tocante a vícios. Desde pequena eu ouvia meu pai falar dos malefícios das drogas, dava exemplos, tínhamos um primo que se acabou nas drogas e coisas assim. Olha, o que pai e mãe martelam na sua cabeça a vida toda pode levar a duas coisas: 1) Você faz exatamente o que eles disseram pra você fazer; 2) Você faz exatamente o contrário! Todo mundo diz isso e é sabedoria popular da mais pura. Tudo verdade.

Adolescência e passeios de balão

Eu não tinha episódios depressivos, só de euforia. Era eufórica, sou eufórica e serei sempre eufórica, mas, infelizmente, hoje sou mais introspectiva e tenho maior tendência a episódios de depressão, apesar de preferir mil vezes ser uma louca eufórica a uma psicótica deprimida – penso igual ao meu novo amigo bipolar: depressão é a pior doença que existe. Não sei se é a idade ou os remédios. Fico triste com isso porque gostava muito da minha alegria de viver quando adolescente, não que eu a tenha perdido, mas nada se compara. Mesmo assim, prefiro ser menos alegre a ser depressiva – sou mesmo muito mentirosa –, gosto só de ser alegre e pronto! Não paro de tomar os remédios de jeito nenhum, tenho verdadeiro trauma.

O problema que tinha era não me controlar em situações que exigiam autocontrole. Isso me perseguiu durante anos, fazendo-me sentir inadequada e antissocial. Eu não gostava de ser assim, como ainda não gosto, e é horrível a gente não se aceitar. Acho que resolvi escrever para tentar conseguir essa aceitação, nem que seja na marra. Quem se identifica com o problema sabe que o autocontrole para um bipolar é uma coisa muito difícil, muito mais do que se possa pensar.

Eu me lembro que fazia determinadas coisas e um segundo depois já havia me arrependido. Eu não me dava conta que podia ter um problema, achava que era daquele jeito mesmo e pronto. O meu descontrole estava no que dizia e não no que fazia – mentirinha, no que eu fazia também, mas sou muito argumentativa, então minhas palavras me dominam.

Nos Estados Unidos, quando minha família dizia *não*, o que era quase sempre, eu queria saber a razão; mas *não* para eles era *não*, sem explicação. Um dia peguei um catálogo e joguei contra a porta de vidro que se partiu em mil pedaços por causa de um *não*. Afinal, o *não* era para um passeio de balão em Napa Valley. Eu disse *um passeio de balão em Napa Valley!* Como eles podiam me negar uma experiência dessas? Acabei fugindo e indo assim mesmo e quase fui mandada de volta para o Brasil por causa disso.

Apesar de toda minha euforia e atividade, ficava por vezes macambúzia – adoro essa palavra e sempre quis usá-la em um livro – sem explicação e queria ficar trancada no quarto sem fazer nada por dias. Já era a depressão querendo brotar? Eu não sentia vontade de fazer absolutamente nada. Já estava sofrendo com alguns episódios de depressão, só que não me dava conta e sequer passava pela minha cabeça.

Quando voltei ao Brasil, retomei os estudos na faculdade. Fui morar em Brasília. Arranjei de cara ótimos empregos. Já me sustentava com 19 anos. Era intérprete e professora e adorava o que fazia. Foi quando conheci o namorado TFM (tradicional família mineira) e realmente aí me senti inadequada. Parecia que tudo o que eu dizia ou fazia estava errado. Não sei como aguentei tantos anos de namoro, acho que era a distância da minha família. Eu não me "comportava", sabe como? De certa forma, eu parecia me deleitar em chocá-los, uma coisa que não sei explicar porque ao mesmo tempo gostava deles. Meu namorado dizia que eu era "um diamante bruto que precisava ser lapidado", quer uma coisa mais brega e depreciativa do que isso? No entanto, percebo que bipolares têm uma tendência a se tornarem emocionalmente dependentes dos parceiros, o que é muito negativo pelo fato de demonstrar insegurança e fragilidade.

Eu, com 20 anos, era bem dona do meu nariz. Sofria, no entanto, de uma dependência desse relacionamento, que não conseguia nem entender e nem erradicar, até que ele foi fazer mestrado no exterior. Fui a última a saber, fiquei fula da vida e arranjei uma bolsa de estudos na Alemanha para aprimorar o que já sabia.

A paixão por línguas estrangeiras sempre me acompanhou desde menina. Sou fascinada por tudo que diz respeito a línguas estrangeiras e outras culturas. Desde os sete anos de idade estudo línguas. Comecei com inglês, depois fui para o francês, depois para o alemão e o espanhol, e finalmente italiano, que não domino, entendo um pouquinho só. Tenho uma facilidade impressionante para aprender línguas estrangeiras e suas respectivas culturas me fascinam. Falar quatro idiomas fluentemente, traduzir, fazer trabalhos de interpretação e ensinar são verdadeiras paixões em minha vida. Essas coisas não se explicam, é vocação, algo que nasce com você, não tem como compreender totalmente.

A minha dissertação de mestrado foi sobre cognição e avaliação da aprendizagem e creio que isso reflete a minha curiosidade em entender as coisas. É possível compreender minha frustração em não saber as causas do transtorno bipolar. Isso vai me intrigar até o último dia da minha vida.

Quando estava na Alemanha, recebi uma carta horrorosa de uma suposta amiga me "detonando", rasguei e até hoje estou sem saber do que ela estava falando. Era mais ou menos algo pra acabar mesmo com a minha autoestima. Bipolares costumam ter problemas de autoestima muito graves, mesmo sendo bem-sucedidos ou bonitos, ou seja lá o que a sociedade valorize. É uma coisa de dentro para fora.

Fiquei muito magoada com essa fulana e não entendi por que ela esperou eu chegar à Europa pra me dizer aquelas coisas. Por que não falou antes? Nem sei o que fiz pra merecer aquilo, juro que não me lembro. Devo de fato ter feito algo, mas o *timing* dela foi péssimo! Ela era gorda e brega e eu até tinha certa pena dela. Talvez ela tivesse inveja de mim. Nada justifica o que ela fez, eu sei, só tento entender. Posso ter até merecido, mas poderia ter conversado cara a cara, ou não? Acho que ela ficou com medo do meu poder de argumentação, que, modéstia à parte, é muito bom. Tenho a língua mais afiada que conheço. Sou ótima quando sou boa, mas quando sou ruim sou ainda melhor, como diria Mae West. Acho essa frase dela incrível porque "sou eu". Como diz um amigo meu, quando brigo, sei colocar o dedo no lugar exato da ferida e faço isso sem dó nem piedade. Ganhar em uma discussão comigo é praticamente impossível, principalmente quando eu acho que estou com a razão.

Já "domei" bastante este meu lado perverso. Investi muito nessa mudança porque eu desejava mesmo mudar, não gostava de "esmagar" verbalmente as pessoas. Conheço-me suficientemente bem para saber que nunca devo discutir com ninguém porque sei ser muito cruel e ferina. Além disso, identifico rapidamente o ponto fraco da pessoa e ataco justamente seu calcanhar de Aquiles. Não pensem que gosto dessa atitude, muito pelo contrário, mas se entro em alguma briga, fico totalmente descontrolada e quando dou por mim, já falei e fiz o que não devia. Por isso, atualmente, deixo para lá, não sou mais tão briguenta – mentira, pura brincadeira, eu até que tento. Acho que as minhas atitudes estavam ligadas ao fato de eu querer estabelecer limites para as pessoas em relação a mim e era uma forma de me proteger, criar uma espécie de escudo, para não ser magoada ou para que as pessoas não se aproveitassem de minhas fraquezas.

Meus pais dizem que não fui uma adolescente difícil, mas meus namorados com certeza não concordam. Eu não era fácil, torturava os coitados. Costumava ter vários ao mesmo tempo. Era voluntariosa e atraía muito os rapazes justamente pelo fato de não ligar para eles ou fingir muito bem que não ligava. Tive namorados muito bonitos, daqueles desejados por todas, mas apesar de eu não ser tão bonita (também não sou feia, né?), minha personalidade era tudo, fazia toda a diferença e a atitude com certeza era a razão do meu sucesso com o sexo oposto.

Por que odeio Louis Vuitton e a megalomania bipolar

A coisa mais brega do mundo é a bolsinha Louis Vuitton, com aquele ostensivo LV que é pra toda a mulherada saber que você *pode* ter uma. Dolce e Gabbana também é. Adoro bolsas, mas, gente, jogar dinheiro fora com "breguice" de perua deslumbrada é o fim da feira. Se você, perua, comprar porque achou linda e sabe que não vai conseguir viver sem ela, desculpe-me, aí eu acho que foi a decisão certa a ser tomada! Quer gastar, use a cabeça – até eu que sou desprovida de uma sei fazer isso bem, não sejam irritantemente tolas, mulheres! Nossos estilistas são excelentes, valorizem os produtos nacionais lindíssimos que temos e deixem esse complexo terceiro-mundista que leva os tolos a acharem que só os produtos de grife estrangeira é que prestam! Que complexo tupiniquim patético!

    Quando estava empregada, já me endividei e fiz gastos extravagantes que chegaram a me prejudicar. Estou procurando me conter, eu odeio essa característica. Devo confessar que só a odeio porque não tenho dinheiro para pagar o cartão de crédito depois – só por isso, porque, se tivesse dinheiro, existe coisa mais gostosa do que comprar? Sapatos principalmente, amo! Queria ter uma coleção! Meu marido diz que não entende a obsessão das mulheres com bolsas. Isso só mostra que ele é macho mesmo, porque, mulheres, bolsa é o que há. Sou uma perua sensata, não uma desmiolada. Gosto de comprar, como toda perua que se preze, mas o que eu acho bonito e não para mostrar para as outras peruas que tenho um dinheiro que não tenho.

    Uma vez fui a uma festa em que havia peruas vestidas de LV. A calça, as blusas e os vestidos eram repletas de LVs, uma coisa assim mega-brega, bem aviltante e que era para esfregar mesmo na cara das outras peruas que elas eram "poderosas" e podiam sair na rua toda cheias de penduricalhos do Louis, isso mesmo, elas podem! Viram bem mulheres?

    Depois os bipolares são atacados. Acho que ser frívola é pior do que ser bipolar.

    Outra coisa que me incomoda é gente que se veste para os outros. Existe alguma coisa mais idiota do que se vestir para os outros? (Às vezes bem que eu me visto para os outros, confesso, mas não vivo disso, é só *free lancer*.) Gosto de me sentir bem vestida, adoro, mas em primeiro lugar, é pra mim e repetir roupar é muito bom. Sabe aquela blusa que parece a única no seu armário? Você vira, mexe e acaba pegando sempre a mesma? É mais ou menos isso. Se você troca demais de roupa, fica parecendo um camaleão que troca de personalidade a toda hora, ninguém o reconhece – nem você! Saber se vestir não é só usar roupas caras e exibir grifes – é ter bom senso. E a pessoa dentro da roupa, onde é que fica?

Além do mais, com toda a franqueza do mundo e sem um pingo de recalque do tipo "quem desdenha quer comprar", eu acho o design de Louis Vuitton – *pardonne moi Louis* – horroroso! Gente, isso tudo é inveja, é puro recalque de uma perua que não tem dinheiro para comprar toda a linha de Louis, então ignorem. Ah, mas falo francês fluentemente e disso eu me orgulho, pelo menos se algum dia eu for a uma loja do Louis, vou falar tudo em francês, assim toda metida e "me achando". Olha, se vocês algum dia me virem com uma bolsa dessas de "griffe", podem ter certeza: é falsificada!

Coisa de bipolar maluca, a gente não pode levar a sério, mas precisa mesmo ser bipolar para achar isso tudo abjeto? Bem, como vocês nunca irão me ver portando um troço desses, então foi só retórica.

A virgem, o caipira e a água de frango

As minhas amigas sempre ficaram impressionadas quando eu contava como havia perdido minha virgindade. Eu fui fria e calculista. Tinha apenas 15 anos, mas só andava com meninas mais velhas que eu, e no grupo não tinha nenhuma virgem, só eu. Bem, elas viviam me gozando. Eu não estava apaixonada por ninguém e tinha aquela ilusão gostosa de menina de querer ter sua tão esperada "primeira vez" com uma grande paixão. Pois bem, me enchi desta história e resolvi partir para o ataque.

Havia um cara que morava em um prédio perto de onde eu morava no Rio. Ficava em Ipanema, Rua Nascimento e Silva. Bem, o cara tinha 22 anos, era gato e muito rico. Tinha um carro conversível vermelho e vivia cercado de garotas. Ele vivia me passando cantadas e eu achava que ele era um "velho". Além do mais, ele era filho de um fazendeiro lá do Mato Grosso e eu achava que ele era assim, cafona, sei lá, mas era bonito.

Pois bem, um belo dia eu ia passando e ele me passou uma de suas cantadas. Eu me virei, sorri e disse com um ar de Lolita dengosa: "Ai, queria tanto andar neste carrão seu..." Ele aturdido disse: *"Baby, you can drive my car"* (Garota, você pode dirigir meu carro). Não, ele não disse isso, não sabia uma só palavra em inglês, era burro demais, é que eu não resisti e essa história me remeteu à canção dos Beatles, então falei: "Só se for agora". Fui!

Fomos tomar sorvete. É isso mesmo, sorvete. No dia seguinte me chamou para ir ao cinema. Fomos e depois fomos ao Gordon, um *fast-food* ou coisa assim, nem sei se ainda existe, mas tinha um sanduíche de frango que era o bicho, acho que se chamava "goleiro" ou coisa assim. Tinha outro, "Angélico" que ele pediu e a gente ficou trocando mordidas, sabe? Não me lembro bem, mas era bom. Depois eu me convidei a ir ao apartamento dele. Ele arregalou os olhos e disse: "Tem certeza?" Eu respondi que ele estava se fazendo de idiota porque o que queria mesmo era me levar pra cama, eu estava cansada de saber. Era o famoso "abatedouro".

Fomos. Gente, eu fui tão incisiva – queria me livrar daquele estigma de virgem a qualquer preço – que o cara "brochou". É isso mesmo que vocês leram, b-r-o-c-h-o-u. Eu, uma gatinha no auge dos meus 15 anos, tendo um trauma desses! Fiquei revoltada e me mandei, não sem antes dizer a ele que era um farsante!

Esse cara se apaixonou de um jeito, ou sei lá, e quis "remediar" a situação a tal ponto que chegou até a chorar. Tenho as cartas dele até hoje, só para poder rir quando tenho ataques de depressão! Acabei dando uma segunda chance – não sem antes avisar que se acontecesse aquilo de novo eu nunca mais olharia na cara dele. Bem, o pobre conseguiu, eu achei horrível, doeu, foi sem graça e demorei bastante tempo pra descobrir que era bom depois disso. Levantei e coloquei o meu *collant* – lembram dessa moda de *collant*? Anos de 1980 eram muito bregas, mas eu adorava. Bem, voltando ao assunto, peguei minhas coisas e ia me mandando. Ele ficou "magoado" e eu disse: "Foi a pior experiência da minha vida, ainda bem que só tenho 15 anos e ainda dá pra 'destraumatizar'!"

O cara surtou. Ficava me ligando sem parar. Um belo dia, chegando da escola, dei de cara com ele na sala, conversando com a minha mãe, nervoso. Mamãe me mandou pegar um copo d'água para o "chato". Eu, mais do que alterada, fui à cozinha e, de repente, vi um frango que mamãe havia colocado para descongelar em cima da pia. Lá em casa tinha daqueles copos Duralex, megabrega, sabe, amarronzado? Eu enchi o copo com a água do frango descongelado e dei para o conquistador "caipirão" beber. Ele pegou o copo e virou, tava nervoso, e de repente sentiu o gosto abominável do frango. Vomitou tudo. Acreditam que mesmo assim o desgraçado não desistiu? Tenho um "telegrama", naquela época era caro, em que ele diz "quando a lua, as estrelas e o sol deixarem de brilhar, eu vou deixar de amar você". Durmam com um barulho desses!

Entre 25 e 30 anos

Melhor fase da minha vida. Três anos de Europa, pós na Inglaterra, conheci mil países e pessoas, aprimorei meu francês, meu alemão e comecei a me interessar por espanhol. Vivi intensamente, botei pra quebrar e até como cantora eu trabalhei para conseguir uns trocados, porém, chegou um momento em que eu não aguentava mais de saudades e resolvi voltar.

Era bastante inconsequente e posso dizer que houve episódios que considero bipolares. Joguei uma caneca de cerveja em um cara idiota que disse em alto e bom som que os brasileiros eram indolentes, desonestos e que as brasileiras eram todas prostitutas. Isso foi na Alemanha, como não podia deixar de ser. Eu disse a ele que só em um país como aquele o holocausto poderia ter acontecido. O detalhe é que não joguei apenas o conteúdo da caneca. Joguei a caneca junto e abri a testa do cara. Bom, depois saí correndo, é claro! Os alemães costumam ser pernósticos e extremamente racistas, é incrível. É claro que conheci muitas pessoas interessantes, mas o alemão de forma geral é racista (me perdoem alemães não racistas – até já recebi uma alemã na minha casa por meio de um programa de intercâmbio cultural pra me redimir e tentar tirar a má impressão – você conseguiu, viu, Steffi?).

É difícil traçar perfis de pessoas baseando-se somente na nacionalidade. Sei que é até politicamente incorreto, no entanto, há certas características que são tão peculiares que a gente associa com a nacionalidade sem querer. Muitas pessoas me perguntavam se eu era italiana quando morei na Europa. Descendo de italianos também, mas parando para pensar, há muitas similaridades no jeito de falar e agir entre italianos e brasileiros. Gesticulamos muito, rimos alto e bastante, somos falantes, vibrantes e a entonação das palavras é inconfundível.

Finalmente resolvi voltar para o Brasil e fiquei muito decepcionada. Doce volta e ao mesmo tempo amargo regresso. Meu pai estava aposentado e morando em uma capital pequena. Achei a cidade um "buraco" e só pensava em cair fora. Claro que tive que ir morar com ele porque não tinha para onde ir e queria fazer um mestrado em Linguística, só que a prova era no final do ano. Acabei ficando para juntar um pouco de dinheiro e fui trabalhar em uma escola de línguas.

Em uma das turmas de alemão estava meu futuro marido. Eu não sei como fui me apaixonar por um cara como ele, pois era muito diferente de mim. Era muito introspectivo, calado e observava muito, uma pessoa calma, o que é sempre benéfico para um bipolar, até concordo, mas eu nem era bipolar ainda, quero dizer, não tinha sintomas tão fortes como tive depois. Ele não gostava de dançar e eu adorava. Era de poucas palavras e eu, verborrágica. Sempre morou na mesma casa desde que nasceu! Teve oito namoradas e, por favor, não me perguntem quantos namorados eu tive, porque não faço a menor ideia.

Acho que dei sorte com pessoas porque as mais importantes da minha vida foram muito benevolentes comigo, considerando que lidar com pessoas com TAB é punk, não se esqueçam. O problema é que não aguentam muito tempo. Aliás, esse foi um dos motivos que me fizeram escrever este livro. As pessoas que lidam com bipolares têm de compreender as nuances do distúrbio e como ele se manifesta para poder ajudar. A maioria das pessoas não sabe e pensa que o bipolar é completamente louco, desequilibrado ou pior. O envolvimento dos familiares e dos amigos é fundamental para que o bipolar não se sinta tão inadequado.

Imagine que uma pessoa normal, quando passa por alguma situação em que sofre uma grande descarga de adrenalina, já fica alterada, sujeitando-se a insônia, pesadelos e outras coisas do gênero. Um bipolar já tem um desequilíbrio que precisa de constante controle. Se ele passa pela mesma situação é um verdadeiro maremoto de emoções. O que para uma pessoa relativamente normal (se é que existe) já significa descontrole e sofrimento, pensem em como é para o bipolar que leva tudo a extremos.

Lembrei-me de um filme do qual gostei muito que se chama *Minha vida sem mim*. A atriz principal é Sarah Polley (excelente) e quem faz o papel de sua mãe é a ex-vocalista do conjunto *Blondie*, a atriz Deborah Harris. Ela diz à filha que precisava conviver com pessoas normais (a mãe achava que o marido não era, e por aí vai). A filha responde que gente normal não existe. A mãe indignada afirma: "É claro que existe!" A filha: "Cite uma". A mãe, depois de pensar e coçar a cabeça, me vem com essa: "O Barry Manilow, ora bolas!" (para quem não conhece, é um cantor de baladas melosas que eu acho bastante brega, ressalva, ele é brega). Eu sempre me lembro da cena e me faz rir até hoje porque normais são pessoas que você não conhece, só isso.

O sentimento de inadequação me perseguiu por muito tempo e ainda me persegue. Às vezes somos a estrela da festa e às vezes superantissociais, não querendo ver nem ter contato com pessoas com as quais não temos intimidade. Nessa época da minha vida, ainda não tinha tido episódios depressivos e achava que depressão era coisa de quem não tinha o que fazer. Bem, até que eu tive o primeiro surto depressivo.

Eu nunca havia pensado a respeito, mas depois dos 30 comecei a querer ter filhos. Eu me dava superbem com meu marido só que ele era completamente avesso à ideia. Nos separamos por conta disso por algum tempo e acabei voltando e anunciei que não tomaria "a pílula" porque ela não deixava nosso filhinho nascer – aí, Odair José, essa é uma homenagem a você. Dois anos depois, bimba! Fiquei grávida! Estava tão feliz e ao mesmo tempo tão ansiosa e aflita porque tinha que contar a ele, que acabou sendo o último a saber. Eu estava tão eufórica que liguei para todo mundo para contar, uma loucura! Eu "senti" o exato momento em que fiquei grávida. Vocês podem não acreditar, mas eu soube na hora.

Eu e meu marido estávamos em Buenos Aires a passeio (isso faz do meu filho um argentino? Ai, não! – nada contra os argentinos, mas e o futebol?). Quando cheguei de viagem, liguei para o meu médico e disse: "Parabéns pra mim, fiquei grávida!" Ele, curioso, diz: "Como você soube? Olhe, não confie nestes testes de farmácia". E eu respondi: "Não fiz teste algum, mas tenho certeza". Ele riu e disse que iria deixar uma requisição de exame com sua secretária. Passei lá e peguei, só para confirmar, mas eu não sei explicar como já sabia. Foi uma coisa muito estranha pra mim, mas acreditem, de verdade, eu sabia.

Para meu marido, isso era muito sério mesmo. Se afastou de mim e eu comecei a ter depressão, episódios leves comparados com os que tive depois de o bebê nascer. Eu só fazia chorar, emagreci não sei quantos quilos (eu tenho essa mania de ficar sem comer quando fico deprimida ou chateada. É um saco porque acho que comer é das melhores coisas da vida), fiquei em um misto de deslumbramento com o bebê e com a impressão que tinha perdido o marido. Eu sei que não foi intencional da parte dele, mesmo assim eu fiquei muito deprimida, muito mesmo e mudei rapidinho o meu conceito sobre depressão.

Devo dizer que não foi propriamente o fato de meu marido se afastar que me deixou deprimida. Foi uma depressão pós-parto fortíssima, eu já tinha ouvido falar, mas nem me passava pela cabeça que pudesse acontecer comigo, afinal eu sempre fui tão alegre. (Olha, não tem nada a ver com alegria e nem personalidade.) Eu chorava a noite inteira olhando meu filhinho dormindo no berço e comecei a emagrecer e só ficava bem quando cuidava dele durante o dia. Ainda bem que não o rejeitei como é comum em depressões pós-parto. Minha mãe foi e é a pessoa que sempre me ajudou e ajuda a superar tais crises. Ela não saía do meu lado, ensinava a cuidar do bebê e foi a grande responsável por eu ter conseguido superar a crise mais rapidamente. Não tive apoio do meu marido nessa fase. Ele estava procurando resolver seus próprios problemas para aceitar o filho. Bem, acabou aceitando e é o pai maravilhoso que meus filhos merecem.

Vou relatar alguns episódios até engraçados. É isso mesmo, a gente tem que rir da própria desgraça para amenizá-la, coragem.

Episódio 1: A suburbana e o saleiro

Costumava dizer que quando eu perdia o controle e enfiava o pé na jaca, eu sentia umas "bolinhas" me subindo pelo corpo, uma coisa assim do tipo incontrolável, e acabava fazendo alguma coisa "radical".

Uma vez, durante o período em que trabalhava em uma empresa localizada em uma área industrial, fui almoçar com alguns colegas de trabalho em um restaurante.

Tudo foi bem, mas quando estava me dirigindo ao caixa para pagar, vi um amigo que não via há tempos e resolvi parar para cumprimentá-lo.

Ele estava sentado e eu de pé, então esbarrei em uma moça que estava na outra mesa com a minha bolsa (enorme, ok, eu concordo), totalmente sem querer. Eu me virei e disse: "Desculpe" e encostei minha mão em seu ombro. A menina deu um pulo e disse: "Tire as mãos de mim, você não sabe que é falta de educação tocar em quem você não conhece?". Eu dei um sorriso malicioso e respondi que nunca havia ouvido falar e que no Brasil as pessoas têm o costume de se tocar bastante, dar dois beijinhos, etc.

Ela respondeu com a maior grosseria que eu não tinha "berço" e que meus pais não souberam me educar. Ela? Uma suburbana, mal-vestida, horrorosa daquele jeito, falando assim comigo? Não deixei por menos, respondi com tanto cinismo que ela se irritou e começou a levantar o tom de voz. A essa altura o restaurante inteiro já estava prestando atenção no barraco; ela se ofendeu e já estava aos berros.

Eu lentamente peguei o saleiro que estava no centro da mesa e disse: "Olha meu bem, acho que você está muito destemperada e sabe o que a gente faz quando algo está assim? A gente tempera!" E despejei o saleiro todinho na cabeça dela, que ficou em estado de choque e deve estar até hoje. O pior de tudo é que eu falei com a maior calma do mundo. Meus colegas me arrastaram de lá com medo de eu apanhar.

O escritório inteiro ficou fazendo piadinhas o resto do dia (do mês) mandando desenhos, e-mails, MSN, caricaturas, etc. Eu morria de rir e estava alterada, agitada, achando tudo lindo. No final do dia, a coisa já não era assim. Comecei a fechar o semblante e fiquei séria, sorumbática (outra palavra que adoro!) e voltei para casa aos prantos no carro com raiva de mim mesma por não ter sabido me controlar. É assim mesmo, quatro estações em um só dia, uma loucura. Raiva, cinismo, controle, riso, calma, choro e cansaço.

Episódio 2: A festa debaixo da cama

Eu e meu marido fomos convidados para uma festa. Este conselho é muito útil: nunca insista para um bipolar ir a um lugar público ou festa se ele não quiser. Eu não queria ir de jeito nenhum. Ele insistiu e acabei cedendo.

Bipolares costumam ser falantes e engraçados, porém, podem ser antissociais na mesma medida. Principalmente porque tomam medicamentos fortes para controlar os sintomas e devem se policiar para dormir sempre no mesmo horário, não ingerir bebidas alcoólicas e ter uma rotina saudável. Os remédios costumam dar sono e, se todos sofrem de alterações psicológicas diárias, imaginem os pobres bipolares!

A festa começou muito tarde, eu já estava com sono e não posso beber por causa dos remédios controlados. Comida? Nenhum sinal à vista, enfim nada pra fazer, ninguém pra conversar, um tédio só. Eu olhava para as pessoas rindo, bebendo e se divertindo e não tirava o olho do relógio.

Para encurtar a conversa, entrei na casa, que por sinal era muito bonita, achei um quarto, deixei a luz apagada e me enfiei debaixo da cama onde fiquei por pelo menos duas horas e meu marido começou a me procurar. Abriram a porta do quarto, mas quem poderia imaginar que eu estivesse debaixo da cama?

Depois de um tempinho, saí do quarto sorrateiramente e meu marido veio me perguntar onde estava, assim como outras pessoas, eu desconversei e disse que estava lá o tempo todo, eles deviam estar cegos. A gente tem que agir com propriedade, senão a mentira não cola.

Depois fiquei pensando no que havia feito e me bateu uma tristeza profunda de não saber o porque daquele comportamento. Encolhida debaixo de uma cama em uma festa só para não falar com ninguém? Vai ser esquisita assim nos infernos! Ao mesmo tempo, eu mesma não me compreendia e fiquei deprimida, sentindo-me um verdadeiro ET.

Depois eu sempre choro e fico assim tristonha e pensativa, tentando a autocompreensão.

Episódio 3: A festa no banco traseiro do carro

Outro malfadado episódio de festa. Mais uma, daquelas em que você não conhece ninguém e tem a impressão de que ninguém tem o menor interesse em conhecer você (isso pela análise de uma bipolar). Cheguei perto do meu marido e pedi a chave do carro. Ele, lógico, perguntou por quê. Eu respondi que tinha esquecido meu batom. Ele finalmente me deu a chave. Novamente, saí de fininho e me "aboletei" no banco de trás. Fiquei ali, quietinha, e peguei no sono. Naquela altura, meu marido, que já me conhecia muito bem, foi direto para o carro e disse que era uma falta de educação da minha parte, que poderia ofender o dono da festa e tudo mais. Eu não dei uma palavra. Sabia que ele estava coberto de razão e não tinha explicação para a minha atitude.

Mais tarde chorei no banheiro com uma imensa sensação de inadequação social, no entanto, não era uma coisa sobre a qual eu tinha controle. Se nem mesmo eu me entendia, como poderia esperar que alguém me entendesse? Foi quando resolvi fazer terapia. Gosto de festas, porém, costumo ficar agressiva quando sou obrigada a ir a uma. O problema é que aquela aversão ao contato social e a má vontade que eu demonstrava, estavam me preocupando e prejudicando meu relacionamento com meu marido.

Ai, meu Deus, que desespero! Por que eu ajo dessa maneira? O que há de errado comigo? Por que não quero ver ninguém? Por que não quero conhecer ninguém? Por que sou igual a "Carrie – a estranha"? Eu desconheço esta mulher. Onde está a adolescente? Onde está a jovem espevitada? Claudia, cadê você? Responda, câmbio...

Episódio 4: O recém-nascido no tanque

Estou contando o que me vem à cabeça, sem critério cronológico, senão este livro não ficaria pronto nunca, verdade seja dita.

Eu tinha dado à luz ao meu primeiro filho há duas semanas, era dezembro e fazia um calor insuportável. Ele nasceu forte, apesar de magrela. Parecia muito frágil. Minha mãe chegou para me visitar e eu estava dando banho nele, no tanque! É, no tanque, lá na área de serviço. Minha mãe ficou preocupadíssima e disse que eu estava estranha, falando alto e rindo demais, eu respondi que não tinha nada a ver, que ele estava era gostando porque aquele calor estava demais, etc.

Coitada da mamãe. Achou que eu estava meio pirada e não saía de perto de mim. Ela me disse com todo carinho que o bebê tinha nascido prematuro, que era muito frágil e que precisava de higiene e que o tanque da área de serviço não era exatamente o local apropriado. Quando me recordo disso, sinto vontade de rir e de chorar, é curioso. Rir porque, afinal de contas, nada aconteceu com meu pequeno e chorar por ter sido tão descuidada e ter agido como uma louca, porque minha mãe falou comigo como se eu fosse uma débil mental. Por acaso eu não sabia disso tudo?

Afinal, cuidei muito bem do meu filho. Ele foi um garoto que realmente cooperou comigo! Aliás, até hoje, porque é responsável, estudioso, atencioso, nunca me deu problemas de espécie alguma, tirando o fato de socar o pobre do caçula. Foi sempre risonho, boa praça e fácil de lidar, além de dormir a noite toda e comer de tudo. Eu realmente fiquei fora de mim durante uns dois meses. Ria muito, falava alto e chorava de madrugada. Bem, salvaram-se todos.

Com meu segundo filho, que veio cinco anos depois, os problemas foram outros. Eu fiquei grávida no Mato Grosso, quando eu e meu marido resolvemos nos aventurar por aquelas bandas. A pousada em que ficamos se chamava Paraíso, mas de paraíso nada tinha. Estava caindo aos pedaços e a higiene era suspeita.

Quando voltamos para casa, descobri que estava com sarna e que tinha passado para meu filho mais velho, ainda por cima! Tive que tomar um remédio forte e passar outro pior ainda no corpo. Logo depois, descobri que estava grávida. Foi um grande tormento para mim porque tive medo que os remédios pudessem ter afetado o bebê. Sofri muito por causa disso, não conseguia pensar em outra coisa. Bipolares costumam "ultradimensionar" os problemas.

Quando estava com quase sete meses de gravidez, tive uma bactéria no coração e quase morri, e meu bebê também. Fui para uma emergência em que só havia médicos despreparados, mas minha irmã finalmente conseguiu falar com meu médico, que salvou minha vida e a do meu bebê. Ele foi o único a perceber, assim que me viu, que eu não estava respirando e o problema não tinha nada a ver com o bebê. Fui parar na UTI e nunca passei por momentos tão angustiantes.

Duas semanas depois, minha bolsa se rompeu e foram momentos de pânico e sofrimento, pois meu médico de confiança não estava na cidade e a maldita médica irresponsável, que operava com ele, ninguém conseguiu encontrar.

Era um feriadão (não sei por que cargas d'água essas coisas só acontecem de madrugada ou em feriados prolongados – minha tese é sempre a lei de Murphy). Uma médica, cujo trabalho eu sequer conhecia, fez meu parto. Minha cunhada orquestrou tudo. Foi gente muito boa, reconheço. Correu tudo bem, mas senti muita dor. Meu leite estava contaminado por causa dos antibióticos, não pude amamentar e nem tinha condições para isso. Meu filhinho chorava muito, tinha muitas cólicas e era bem miudinho, mas logo ficou forte e cedo demonstrou ter muita personalidade. É lindo, brincalhão e muito moleque. Inteligente e criativo como o pai.

Engraçado, anos depois eu tive uma amiga que, quando teve bebê, deu banho de água mineral nele até os cinco meses! Aí também é muita neura!

Episódio 5: Promessas e teatro

Uma amiga tentava ajudar, às vezes, mas não sabia que era um caso tão sério. Até então eu nunca havia contado a ela que era bipolar porque, como já disse antes, eu tinha vergonha. Gostaria de ter revelado a ela antes, porque tenho certeza de que ela teria sido mais compreensiva.

Eu me sentia constrangida. Ela disse que não me entendia. Eu prometia melhorar e não fazer mais determinada coisa que a chateava. Bem, eu de fato prometia com a melhor das intenções e acabava por repetir tudo igualzinho. Eu juro que tentava. Uma vez ela disse que eu era teatral, podia ser até atriz. Quando contava alguma coisa era enfática, exagerada. Concordo com ela. Deveria ter tentado a carreira de atriz, quem sabe?

Tenho um tio que não é assim nenhum "brigadeiro". Um dia nos encontramos em um restaurante, tanto ele como eu chegamos mais cedo, para conseguir uma mesa. Puxei conversa sobre um emprego e ele me disse em alto (bem alto) e bom som: "Não sei pra que você quer emprego, vai baixar o barraco lá com todo mundo e se chatear como sempre". Aquilo me pegou de surpresa e outras pessoas que estavam por perto ouviram. Minha cunhada estava chegando nessa hora, eu levantei e disse que ia à farmácia comprar um remédio para dor de cabeça. Havia uma na esquina. Sei que não sou nenhum *brownie*, mas também não é fácil ouvir certas coisas.

Chorei tanto, mas tanto. Ele nunca havia conversado comigo e, na única oportunidade que teve, disse tudo aquilo; eu pensei que era assim que as pessoas me viam. Uma encrenqueira, difícil de lidar e que adorava um barraco. Bom, a verdade nua e crua. Voltei alguns minutos depois sorrindo como se nada tivesse acontecido. Afinal, ele tinha razão, né? E com certeza não fez por mal, eu sei. Ninguém faz por mal, eu, se quiser, tenho que engolir a mágoa e perdoar, compreender a incompreensão dos outros. Perdoar-me e compreender, bem, o problema é meu, dane-se eu.

Episódio 6: As amigas Capitu

Nunca gostei de supostas amigas que fazem o estilo Capitu de ser, não fazem o meu "tipo" de gente, são muito falsas. Elas têm "olhos de cigana dissimulada" (roubei esta frase do Machado de Assis – é assim que se refere à Capitu – acho este nome tão criativo! Alguém aí conhece alguém com este apelido?). Eu detesto gente que faz "marketing" de gente boa? Sabe aquela coisa, que legal, super, sorrisos arreganhados? Hum, desconfio logo. Este tipo de pessoa mete o pau em você no exato momento em que você vira as costas. E desta pessoa em particular eu tenho provas, cabais! É daquele tipo que fica te "escaneando" dos pés à cabeça quando te encontra? Conhecem o tipo? Fazem isso pra ver se encontram alguma coisa pra malhar depois. Como tem gente invejosa no mundo! E amiga de verdade é difícil de achar...

Ser conhecida como nervosa, "pitiática", barraqueira dentre outros adjetivos nada glamourosos, já tinha se tornado normal para mim. Eu parecia não me importar com a opinião de ninguém. De fato não me importo mesmo, o quê da questão é não gostar de ser assim, é querer ser diferente e não conseguir. É muito frustrante. Não é que eu não me importe de fato, é que um bipolar aprende logo que se der importância demais à opinião alheia, sua vida se transforma em um inferno porque ele sabe que não consegue controlar as situações. Em parte consegue, anula-se em prol da própria sobrevivência, é isso aí, mas por vezes, é simplesmente impossível. Quem sabe o que sofro sou eu mesma, ninguém toma meu lugar para saber como é, então dane-se! Eu fico assim alternando entre a agressividade e a passividade, entre a prisão e a liberdade, entre a aceitação e autopiedade.

Tenho que reconhecer que fico pra baixo, mas há uma canção do Eric Clapton que diz "*nobody loves you when you are down and out*" (traduzindo: ninguém o ama quando você está triste e pra baixo), acho que ele tem razão; portanto penso nessa canção e tento sorrir e ficar "up" e "in" pra ver se alguém me ama.

É interessante fazer um comentário a respeito do apetite. Não sei se é por causa dos remédios, mas não tenho muito apetite de maneira geral e se fico chateada com alguma coisa, perturbada ou triste, fico até três dias sem me alimentar porque simplesmente não consigo comer nada. Devo destacar que isso é extremamente prejudicial não só à saúde como um todo, mas piora o distúrbio, pois quem sofre de TAB não deve ficar sem se alimentar em hipótese alguma. Os níveis de glicose no sangue, assim como uma série de outras substâncias, ajudam a manter o equilíbrio. O que acabei de dizer é de uma idiotice sem tamanho porque ninguém deve ficar sem se alimentar em hipótese alguma. Que imbecil. De preferência não se deve deixar de comer por mais de quatro horas. A química corporal trabalha como um todo e uma taxa afeta a outra. Eu procuro beber bastante líquidos quando estou assim porque realmente não consigo comer. Não posso tomar bebidas alcoólicas (grrrrrrrrrrrrrrr) e o que como afeta minhas atitudes. Acreditem. Esse lance de comida afrodisíaca, e outras coisas, não são lendas urbanas não, pelo menos no tocante às comidas afrodisíacas!!!

Episódio 7: Ciúme, babaquice e inconsequência

Estava eu voltando de uma festa com meu namorado. Ele insistia em dizer que havia um fulano na festa dando em cima de mim o tempo todo e que eu estava "dando mole". Durante todo o trajeto ficamos discutindo e eu já não aguentava mais aquele papo careta de ciúme, não houve nada demais e ele estava realmente me tirando do sério.

Morávamos em Brasília e as distâncias eram grandes e tudo é muito ermo. Eu fui ficando tão exasperada, que estávamos gritando um com o outro. Resultado: abri a porta do carro em movimento, saí, caí no chão (poderia ter me machucado seriamente), tirei os sapatos e fui andando pra casa – e olha que era um bom pedaço! Ele foi me seguindo de carro e eu mandando ele embora.

Hoje, quando lembro, dou risada, mas foi perigoso o que eu fiz, porém, estava tão cheia de adrenalina que fiz o percurso em tempo recorde. Cheguei toda suada, exausta e acho que se tivesse encontrado um ladrão pela frente, teria batido nele!

Episódio 8: Gelo na anfitriã

Uma vez, fui a uma festa contra a minha vontade. Já mencionei antes que não se deve forçar um bipolar a ir a um evento social. Eu abominava a anfitriã. Entrei na festa, cumprimentei a todos, menos... a anfitriã! Imagine, eu dentro da casa dela e simplesmente sequer olhei para ela. Deu muito pano pra manga o que aprontei. Hoje acho que minha conduta foi péssima, mas o tempo não volta e a gente tem de lidar com as consequências de nossos atos. Já fui bastante punida por vários deles. Mas vocês sabem que ela me perdoou com facilidade? Pois é, às vezes a gente passa a vida inteira pensando uma coisa de alguém e depois descobre que a pessoa não era nada daquilo que você pensava. Ela não é nenhum "bem-casado" não, mas sou tão insensata e muitas vezes as coisas estão a um palmo do meu nariz e eu não as enxergo. Como, por exemplo, me preocupar com certos docinhos.

Desentendi-me com ela por causa de briga boba de filho. Sou muito exagerada – que novidade – e acabei deixando uma besteira interferir em uma relação que podia ser muito boa. Eu fui muito boba mesmo.

Olha, isso tudo foi briga de criança e quando olho pra trás vejo o quão infantil eu fui, mas eu sou mesmo uma desmiolada. Sabe, aprendi a perdoar com facilidade, sabem por quê? Porque eu mesma cometo tantos erros e quero ser perdoada também. Pedir perdão é difícil para certas pessoas, não pra mim. Perdoe-me, humanidade, pela minha imperfeição. Acho, porém, que mesmo sendo tão imperfeita, eu ainda mereço habitar o planeta, ou não!?!

Episódio 9: O estacionamento e Tomates Verdes Fritos

Eu tive que ir ao centro da cidade, lugar caótico para se estacionar o carro – aliás, como todo centro de cidade. Parei em um estacionamento pago. Qual não foi minha surpresa quando retornei e havia um carro prendendo o meu. Entrei no meu carro e comecei a buzinar. No início com certa paciência. Ela se esgotou e comecei a buzinar sem parar e algumas pessoas começaram a se juntar para ver o que estava ocorrendo.

Devo ter ficado uma meia hora ali. Fui ficando furiosa e, de repente, engatei a ré e bati em cheio no carro e fui manobrando assim, bati no da frente, no do lado e amassei vários, sem mencionar o meu que parecia mais uma sucata.

Anos depois, assisti ao filme *Tomates verdes fritos* e quase morri de rir com uma cena em que a atriz Kathy Bates faz exatamente o que eu fiz. Foi muito divertido. A única coisa que não foi nada engraçada foi ter que pagar pelos estragos. Isso foi em Brasília, faz muito tempo. De acordo com os psiquiatras, eu não era bipolar ainda. Será mesmo? Eu só sei que quando faço coisas deste tipo, tenho uma enorme dificuldade de lidar com o fato depois. Chorei lágrimas amargas na hora de pagar a conta.

Episódio 10: Os paquidermes na livraria

Estávamos em uma grande livraria de shopping center, eu, meu marido e meus dois filhos. Eu estava sentada folheando alguns livros – uma das coisas que mais adoro. Odeio essas livrarias que não deixam a gente manusear os livros, são desprezíveis. Essa é uma livraria tranquila e gostosa, não é nenhuma Barnes & Nobles, mas é legal. (Esta livraria à qual fiz referência é um dos meus lugares favoritos no mundo inteiro. Tem de tudo e você senta no chão, pega os livros que quer, abre, folheia; enfim, passa o dia inteiro lá sem ninguém perturbar. E ainda por cima é cheirosa!)

Bem, de repente, meu filho caçula, com quase 5 anos na época, chega perto de mim de mansinho – ele é superdengoso – e chorando. Minha primeira reação foi perguntar ao mais velho se havia batido no menor (os mais velhos quase sempre levam a culpa), mas o maior disse que outro menino tinha batido no caçula. Eu: "O quê? Por acaso o seu irmão bateu nele primeiro?" (isso tentando ser justa, mas com as famosas bolinhas já subindo pelo meu corpo). Meu filho mais velho respondeu que o caçula nada tinha feito e que o outro sentou um tapão nele sem mais nem menos quando ia passando. Eu: "Tem certeza?"

Uma das qualidades do meu filho mais velho é a de não mentir, isso eu sei. O mais novo não é uma criança agressiva, disso eu também sei, pelo contrário, é muito meigo. Eu o peguei no colo e pedi que me mostrasse quem bateu nele. Ele apontou para um garotinho de uns 3 anos de idade, obeso e com cara de capeta, com os pais ao lado, uma verdadeira "*fat family*" beirando a obesidade mórbida. Eu me aproximei toda simpática e disse: "Que gracinha. Qual é o nome dele?" Eles ficaram entusiasmados e responderam com orgulho: "É Igor". Acho esse nome atroz. Então olhei para o Igor e disse: "Olha Igor, você não pode sair dando tapas nos outros assim a torto e a direito. Você fez meu filho chorar e isso é muito feio, sabia? Mamãe e papai não ensinam a você que isso é feio? Se eles não ensinam, eu vou ensinar. Encoste a mão no meu filho de novo e vai levar uns bons "psicotapas" para aprender a se comportar". E saí de perto, não sem antes levar um chute na canela daquele pestinha; só não me virei e olhei para o guri porque me conheço.

Estava placidamente sentada em outra mesa, lendo uma historinha para o meu caçulinha e, de repente, eis que sinto um cutucão nas costas. Era o *fat* pai querendo tirar satisfações. Ele me disse: "Acho que você deve desculpas a mim e à minha mulher porque não gostamos do que você fez". Eu dei de ombros e respondi: "*Tá* bom, desculpe". E continuei lendo a historinha. Ele não se deu por satisfeito e me cutucou de novo – odeio que me cutuquem assim. Ele começou a me agredir verbalmente e eu calmamente respondi: "Se vocês dessem educação a esse menino, isso não estaria acontecendo". Ele se alterou e começou a falar alto.

A esta altura, um grupinho de curiosos já havia formado uma rodinha, o pessoal a-do-ra um barraco. A mulher dele se meteu, dizendo que eu não tinha educação. Era um belo dia de sábado e eu realmente não estava nem um pouco a fim de estragá-lo. Disse de novo, daquela forma *non-chalant* irritante, que já tinha pedido desculpas e que eles deviam cair fora. Aí a mulher ficou possessa e disse que meu filho era um *maricas* por chorar de um tapinha de um garoto de 3 anos – aquele guri poderia ter protagonizado *A profecia*, primeira versão, aquela com o Gregory Peck e a Lee Remick (o que foi feito dela?). Eu: "Coloca uma coleira no seu projeto de *pit bull* e não terá mais esse tipo de aborrecimento". Ela e a cunhada (outra *Supersize me*, viram o filme?) me xingaram de tudo o que é nome. Até o pai do menino me chamou de piranha.

Nesse momento, meu marido entrou e achou que a livraria estivesse promovendo um lançamento, sei lá. Quando olhou bem e viu que era comigo, já começou a rir, me conhecendo como me conhece. Eu virei e disse: "Olha, meu querido (as pessoas odeiam ser chamadas de querida por estranhos nessas situações – aprendam a ser insuportáveis comigo), o seu insulto não me diz absolutamente nada, já que não sou uma puta. No entanto, se eu o chamar de gordo, barrigudo e suarento, coisa que você é, então faz sentido, ou você não tem espelho em casa?".

Aliás, a família inteira é enorme e o guri está indo para o mesmo caminho. A mulher começou a berrar e eu disse: "Olha aqui, sua paquiderme, por que vocês não vão procurar um nutricionista, um endocrinologista, a Herbalife, que seja, e param de encher o saco dos outros? Um bom regime cairia muito bem na família inteira. Ademais, se vocês não conseguem nem ensinar o filho de vocês a se alimentar – o que até um animal sabe –, boas maneiras então é impossível!".

Eles continuaram a falar e falar (quer dizer, a berrar e berrar). Eu já estava de saco cheio daquele bate-boca, mas não me alterei até aquele momento, aí eu perdi o bom humor e disse para eles saírem de perto de mim porque senão eu ia chamar a segurança. Meu marido rolou de tanto rir e meus filhos adoraram. Não é nem necessário dizer que me arrependi (nem tanto) e saí de lá como se nada tivesse acontecido. Mas que desaforo, meu filho apanha de um guri dos demônios e ao invés de eles me pedirem desculpas, ainda querem brigar. Ah, chamei-os de suburbanos e fedorentos (o que eles eram mesmo). Fim de papo.

Meu marido sempre me diz que não posso discutir com ninguém, porque passo como um trator por cima da pessoa. Ele diz que eu vou até a ferida. É, vou mesmo. Gosto de "cortar e ver sangrar". Não que eu ache nada disso bonito, é apenas inevitável.

Gorduchinhos e gorduchinhas, olha, eu não tenho preconceito contra nada e nem ninguém, porque eu sei que sou difícil e ninguém é perfeito. Não achei bonito falar assim com eles e nem me orgulhei da minha atitude. Mas, quando esse tipo de coisa acontece, parece que eu saio para passear e entra um monstrinho malvado no meu corpo que me domina e eu saio com o rolo compressor pra cima dos outros. Choro que me acabo depois e, por vezes, fico dias sem conseguir tirar aquilo da cabeça, fico me torturando e pensando que não podia ter ofendido as pessoas assim. Isso é ser bipolar. Isso é não ter controle quando é mais preciso. Isso é sofrimento genuíno e puro. Eu sou uma pessoa sensível, não sou um monstro sem piedade e, acima de tudo, posso ter mil defeitos, mas preconceituosa eu não sou de jeito nenhum. Disso, tenho absoluta certeza.

Costumo ficar deprimida quando faço esse tipo de coisa. Às vezes, tento me perdoar, mas não consigo entender porque ajo assim. Não gosto de ofender ninguém e acho, de verdade, que "sou do bem". Depois, confesso que chorei escondido me achando a última das pessoas.

Episódio 11: A estudante de Direito aloprada e o professor bafudo

Resolvi estudar Direito. Nunca tive uma ideia tão fraca em toda a minha vida. No meu afã de ganhar a vida nessa cidade imprestável, pensei que um curso de Direito melhoraria minhas chances. Ledo engano. Imaginem eu, uma pessoa que estudou literatura, línguas estrangeiras, sensível, preocupada com coisas como a gramática e com erros grosseiros que as pessoas cometem trucidando a língua portuguesa, em um curso de Direito.

Consegui cursar, no máximo, um semestre em cada faculdade. Professores medíocres, com um português de arrepiar, sem nenhuma cultura, metidos a besta – acham que por ganhar dinheiro como juízes, promotores, delegados ou advogados, são melhores do que o resto dos mortais.

Foi uma experiência... ai, nem tenho palavras para descrever. Um dia, o professor entrou na sala – o mentecapto não cumprimentava ninguém – e anotou coisas no quadro freneticamente, com uma letra horrível e um português abominável – um verdadeiro facínora que assassinava a língua sem a menor piedade.

Bem, um dia (daqueles), o energúmeno escreveu uma coisa em latim (pasmem vocês) e estava errado. Não me contive (estudei latim na faculdade de Letras, mas era um termo da área jurídica, ele tinha a obrigação de saber, me desculpem, sou radical) e disse: "Professor, o senhor escreveu essa palavra errado". Ele ficou todo vermelho, é um baixinho assim feinho e gordinho (sem contar o mau hálito, pútrido, parecia que ele tinha engolido um urubu), e disse: "Pois eu tenho absoluta certeza de que está correto".

Gente, empáfia e falta de humildade são duas coisas que decididamente não tolero. O cara já era grosseiro, feio e burro; não sabia explicar a matéria e ainda por cima não tinha a humildade de verificar se a palavra estava correta? Levantei lentamente e me dirigi à biblioteca, um dos lugares que mais amo no mundo (não aquela, em particular, é óbvio). Peguei um dicionário de latim, procurei a palavra, certifiquei-me que eu tinha razão e voltei à sala de aula com o livro aberto nas mãos; coloquei em cima da mesa dele, peguei o apagador e desmanchei o que ele tinha errado. Escrevi a palavra da maneira correta, indicando naturalmente a página do dicionário onde ela se encontrava, assim como as devidas referências do dicionário (nome, autor, etc. – ah, levei três dicionários diferentes, só para garantir). Ele continuava anotando as bobagens no quadro (odeio professor que faz isso, se é pra copiar do quadro, fico em casa e estudo pela internet ou com um bom livro). Dirigi-me aos colegas e disse: "Esta palavrinha aqui estava escrita errado, portanto eu a corrigi, para facilitar a vida de vocês".

O professor ficou possesso e me expulsou da sala de aula. Deu problema para ele porque fui reclamar na coordenação e ele ainda teve que me pedir desculpas. Hahaha.

Devo comentar que tive uma professora que me impressionou muito. Ela tinha a incrível capacidade de falar durante quase duas horas e não dizer absolutamente nada que se aproveitasse. Realmente considero um talento, porque depois ela "ferrava" todo mundo na prova e argumentava que "não havíamos entendido nada do que ela ensinou". Cá pra nós, não sou nenhum gênio, mas sou relativamente inteligente e a mulher era uma anta! E o pior é que *todos* diziam isso pelas costas, só ela não percebia. Fazia assim um estilo "gente boa" – típico de professores medíocres que se escondem atrás de uma falsa simpatia para esconder o fato de que não sabem nada, não dominam o conteúdo; enfim, são verdadeiras fraudes.

Aliás, é o mesmo caso do professor que me expulsou porque eu comentei que ele não dominava o conteúdo. Não sei se estou certa ou errada, mas só me meto a ensinar aquilo que eu domino, sou professora também. Quando não sei alguma coisa, digo que vou pesquisar e pesquiso mesmo. (Não tenho vergonha de dizer que eu não sei alguma coisa – isso é normal, poxa!)

Não há coisa mais irritante do que o pouco caso que certos professores fazem da profissão. Acho que são recalcados e consideram uma "profissão inferior", pois os professores não são muito valorizados no Brasil e também não o são em muitos países. Para mim não interessa: se você vai ensinar, independentemente do seu status ou do tipo de alunos que você tenha, sua obrigação é dar o melhor de si. Não aceito nada menos, é um acinte!

Não pensem nunca que eu saio incólume dessas situações. Eu praticamente sempre me arrependo, com frequência fico deprimida e com raiva de mim mesma. Eu me revolto contra mim mesma. Sofro de autorrevolta.

Episódio 12: O baixinho enfezado e os "doutores e doutoras"

Mais um episódio de faculdade de Direito. O professor tinha o maldito hábito de chamar todos os alunos de doutor ou doutora – essa praga dizia que bacharéis em direito eram os únicos que podiam gozar desta prerrogativa – onde foi que ele aprendeu isso? Doutor é quem tem doutorado, é Ph.D.!

Por coincidência, era baixinho e gordinho e horroroso também – quanto ao hálito não sei, nunca cheguei perto o suficiente para conferir. Eu aprendo com as experiências, já disse, sou apenas bipolar, não imbecil, mas já estamos em outra faculdade medíocre. O "doutor" falou uma bobagem sem tamanho lá na frente e até hoje eu não sei como aquele miserável conseguiu escutar o meu comentário com a colega do lado – eu sempre me sentava bem no fundo, com meu *laptop*, e ficava fazendo traduções ou coisas mais interessantes nas aulas desinteressantes. Eu disse: "Se o nosso professor de Direito não sabe disso, nós estamos a pé mesmo".

O infeliz ouviu. Olha aí a lei de Murphy atacando novamente. O cara pediu que eu repetisse o comentário e eu repeti. Não falei nada demais. E pensei que eu era mesmo muito azarada. Como esse cara foi ouvir um comentário que eu praticamente sussurrei? Só comigo mesmo, parece até que eu sou um para-raios de problemas. Eu juro que não tive a menor intenção de brigar e muito menos ofender o professor incompetente. Eu não me contive.

Aliás, durante toda a faculdade de Direito, o meu passatempo favorito era ficar anotando o assassinato da língua portuguesa por parte dos professores. Que mediocridade, cruzes! Para falar a verdade, eu não sei o que deu em mim para estudar essa droga, porque não tem absolutamente nada a ver comigo. Tudo isso porque eu queria ter um emprego, ser autossuficiente – mas esta cidade não me ajuda nem um pouquinho na minha área.

Ele me colocou para fora aos berros, deu um chilique fenomenal, pensei até que o cara fosse enfartar. Ele conseguiu ser mais exagerado do que eu! Nunca vi um piti daqueles, mandou chamar o coordenador; enfim, uma palhaçada ridícula e desnecessária porque a informação era óbvia demais e ele deveria saber, sim, se queria dar aulas em uma faculdade de Direito.

O coordenador, um idiota completo – tinha cara de idiota, se vestia como um idiota, falava como um idiota e todo mundo dizia que ele era idiota só que ele não se achava idiota o que comprova que ele era um idiota DOC –, disse que eu teria que me retratar perante a turma. Eu respondi que sim, é claro que o faria. Aposto que vocês já estão pensando: aí vem bomba.

No dia seguinte, fui para a sala munida de uns quatro ou cinco livros da matéria e marquei onde o malfadado "ponto" se encontrava. Em todos os livros de doutrina, o assunto se encontrava na primeira ou na segunda página. Gente, era básico mesmo, não vem que não tem.

Daí eu virei para o pessoal e disse: "Vamos fazer uma analogia. Considerem que eu sou a professora de inglês de vocês na graduação do curso de Letras e que vou começar explicando o verbo *to be*. Eu digo, *I am, you is... oops*, gente, não é *you is...* deixe-me ver... Então, eu olho na gramática e digo, é *you are*!"

Olho para o baixinho enfurecido e boquiaberto e digo: "Essa informação era básica demais para você não saber e um pouquinho de humildade não lhe faria nada mal". E me retirei. Tranquei matrícula e nunca mais voltei. Chega de "pra mim fazer". Meu ouvido não é pinico. Depois, a doida sou eu. Posso até ser doida, mas burra não!

Eu me acho inteligente porque "sei que nada sei". Quanto mais aprendo, mais vejo o quão ínfima é a minha formação perante tanta coisa para aprender. Digo que sou pretensiosa só mesmo de brincadeira, tenho é problema de autoestima, isso sim. Mas uma coisa devo reconhecer: tenho muito bom senso para saber que medíocres sempre "se acham". Falsa modéstia também irrita – o que é que não me irrita? Eu sou a pessoa mais fácil de irritar que conheço, porque a proporção de gente realmente boa, e que sabe muito, é infinitamente menor às medíocres que se acham. Mas pessoas que se acham normalmente têm baixa autoestima, por isso são arrogantes para disfarçar. Percebo isso e morro de medo de parecer arrogante (às vezes).

Novamente eu quero dizer, leitor, que tudo isso não é inócuo. Afeta profundamente e me deixa com uma indescritível sensação de inadequação social.

EMPREGOS

A diretora que tentou vender a alma ao diabo, mas nem ele quis comprar

Por falta de autocontrole, perdi vários empregos. A mediocridade tem o dom de me irritar e eu realmente não pensava nas consequências. Hoje, estou diferente (*tô* nada), no entanto, muitos desentendimentos teriam sido evitados se eu soubesse que tinha essa disfunção. Quanto mais cedo se descobre, melhor. Como controlar algo que está fora do seu controle, por motivos alheios à sua vontade? Como dizia minha sogra, a gente para ter emprego precisa engolir não só sapos, mas brejos inteiros!

O grande problema é que eu não tinha controle sobre o meu humor, meu estado de espírito e isso tudo afeta a conduta de uma pessoa. Sou capaz de engolir uns bons sapinhos, porém, preciso tomar uns remedinhos pra ficar igual a todo mundo (ou quase). Odeio meus episódios de euforia tanto quanto os de depressão, só que prefiro mil vezes ficar eufórica a deprimida, sem a menor sombra de dúvida.

Só entende a depressão quem passou por uma. É algo indescritível, é uma angústia mesclada com apatia. Você chegou ao inferno e sabe que está lá. E o inferno é uma prisão de segurança máxima, de onde você não consegue escapar. É ausência de vida. É negar os prazeres que ela proporciona. É odiar a tudo e a todos, pior ainda: odiar a si próprio. É incontrolável e frustrante, é a verdadeira morte em vida (minha avó tinha toda a razão quando disse que eu dava para atriz).

Houve um emprego em que eu me desentendi com a minha superior e simplesmente parei de falar com ela. É, simplesmente a ignorava. Obviamente, fui demitida.

Em mais um emprego, numa escola, dando aulas de espanhol, foi outro desastre. A dona da escola estava acusando uma aluna de ter quebrado o vidro da porta. Eu encontrei essa aluna em prantos. Perguntei o que tinha acontecido. Ela me explicou e eu, por acaso, havia visto quem o quebrara. Fui à sala da diretora. Não consegui nem mesmo abrir a boca, ela foi dizendo as seguintes palavras: "Não se meta onde não foi chamada". Bem, depois dessa, me retirei.

Mais tarde, foi informada que eu sabia quem havia quebrado o vidro. Mandou me chamar e me perguntou quem tinha feito aquilo. Eu disse que não sabia de absolutamente nada. Ela ficou furiosa e ressaltou que eu tinha a obrigação de dizer quem tinha sido. Prontamente, disse que era paga para dar aulas e não para dedurar alguém e que, além disso, eu estava obedecendo às ordens à risca, já que ela havia me dito que não me metesse onde não era chamada. Resultado: sumariamente demitida.

Aliás, essa escola é um manicômio. É elitista e metida a besta. Os alunos ficam se comparando para saber quem tem mais dinheiro e a filosofia da escola é uma coisa abominável! Ensina que você só pode ser feliz se for rico. É uma escola de "grife", sabe como? Os valores são todos invertidos, uma calamidade.

Fiquei desempregada, sem dinheiro e sofri imensamente depois disso. Eu não sou uma pessoa sem coração e que não está nem aí para os outros. Eu tenho dificuldades em me controlar, em "obedecer", em engolir sapos e muitas outras coisas que as pessoas ditas "normais" tiram de letra. Foi engraçado? Sim, foi. Mas quem paga o preço mais alto sou eu mesma e daí não tem mais graça nenhuma.

O gerente idiota, filho do dono

Em outro caso de empregos perdidos, houve uma reunião e todos opinavam, discutiam os problemas da firma e coisa e tal. O gerente que comandava a discussão com a sua incansável batuta de completo pastel, só abria a boca para dizer asneiras. Todos faziam gozações de suas atitudes pelas costas, porque ele realmente era muito devagar. Lá pelas tantas, eu dei uma sugestão que a maioria gostou. Ele, não sei se por ciúmes, começou a me ridicularizar sutilmente. As "bolinhas" já estavam subindo a toda velocidade.

Lá pela quarta espetada que ele me deu não aguentei, virei para ele na frente de todo mundo e disse que se ele não fosse tão incompetente, a empresa estaria em uma situação muito melhor e não precisaríamos ficar ali perdendo tempo em uma discussão ridícula que não levaria a nada, em vez de estarmos trabalhando e fazendo algo verdadeiramente útil. Filho do dono. Resultado: sumariamente demitida.

Nesse dia fui para casa me sentindo bem, porque não suporto gente burra. O.k., só que, agora, eu era uma pessoa que podia até ser inteligente, mas... desempregada.

A escolinha
(Sorria, você está sendo filmado)

Definitivamente, não nasci para ter um chefe na minha cola o tempo todo. Posso aceitar ordens, mas tudo tem limite.

Fui trabalhar em uma escola bonitinha e simpática. Mal sabia que estava entrando numa "fria". A dona é simplesmente obcecada por controle, jamais vi nada igual. Nunca conheci uma pessoa tão arrogante e metida a besta. Ela devia era mandar consertar aqueles dentes, são nojentos. Detesto gente que não cuida dos dentes. Já é horrorosa, tem nariz adunco, parece a bruxa Memeia.

Apesar de louca, sou uma professora experiente, porém, não tinha a menor liberdade para dar aos alunos qualquer atividade que não estivesse previamente preparada pelas duas coordenadoras, e tinha que seguir aquele plano de aula à risca. Gente, isso não existe! As duas coordenadoras pareciam verdadeiros robôs ativados por controle remoto. Não se podia rir, nem conversar, nem criticar nada que fosse. Eu não entendo como as pessoas podem criticar tanto os pobres bipolares quando há gente neurótica, psicótica, esquizofrênica e mil outras coisas que transformam a vida dos outros em um verdadeiro inferno. Eu pelo menos sou uma "louca inofensiva".

Eu entrei lá para fazer laboratório e ter história pra contar em livro, só depois me dei conta porque todo mundo falava mal da Memeia. Os livros didáticos usados por cursos livres que não são franquias costumam ser muito bons, pois são de editoras como a Oxford University Press, a Cambridge University Press, a Longman ou a Heinemman, todas excelentes. Os melhores livros didáticos do mercado são editados por essas editoras. Bem, o livro utilizado na escola era um desses, um livro realmente maravilhoso.

O problema é que os professores têm que dar as unidades ímpares, ou seja, a unidade 1, depois a 3, depois a 5 e assim por diante. Eles chamavam as turmas de turma ímpar ou par (nem par nem ímpar, com bipolar não se brinca, hehehe). Concordem comigo, por favor, senão eu vou assinar em baixo que sou maluca de pedra. Existe uma lógica na sequência das lições. Ela não é aleatória. Pessoas muito competentes escrevem esses livros. Qual o sentido de "pular" lições e não dar continuidade à sequência de um livro e depois voltar e dar as lições pares? Eu sou completamente desequilibrada ou tenho alguma razão?

Por favor, usem o bom senso e digam que tenho razão (não vai adiantar nada, porque vou continuar achando que tenho). Os livros são preparados pelos melhores profissionais do mundo, pois os livros didáticos de inglês feitos na Inglaterra são comprovadamente os melhores do mundo, sim, senhor. Eu não me contive e quis saber a razão para tal, digamos, idiotice. Não havia, eles queriam apenas ser "diferentes" das outras escolas. (Dá meu "tarja preta" agora! Isso foi a coisa mais imbecil que já testemunhei em toda minha vida de professora.)

Quando uma das coordenadoras abriu uma gaveta com umas mil folhinhas, que eu tinha de preencher todos os dias, pensei: "Meu Deus, a burocracia impera neste manicômio! Pra que tanto papel? Além de ecologicamente incorreto, é totalmente desnecessário!"

Ah, e tínhamos que ser exclusivos, isto é, professor que trabalhasse lá não poderia trabalhar para concorrentes e nem sequer dar aulas particulares! (independentemente de quantas turmas você tivesse – eu só tinha três). Um verdadeiro absurdo, porque todo mundo sabe que professor tem que ter no mínimo três empregos para se sustentar!

Eu não sei como me contive naquele antro. Isso é o que as pessoas fazem por um emprego. A coisa tá preta, mesmo. Até hoje eu não sei. É claro que tomava um tarjinha todo os dias antes de ir para lá, porque escapei de morrer asfixiada com tanto controle. O marido da dona deve sofrer, coitado! Já pensou ser casado com uma bruxa controladora o tempo inteiro, ainda por cima a dona da razão?

Muitas pessoas acham isso dela, só que não falam pela frente. Ser bipolar nestes casos é horrível porque os bipolares por vezes têm a mania de ser, em "sinceros". Ai de mim!

O pior de tudo é que eu sabia de antemão que aquilo não ia dar certo. Se tem uma coisa que eu não sou é burra. Mas meu marido falava que eu tinha de arrumar um emprego e eu prometi que pegaria o primeiro que aparecesse. Pois bem, deu no que deu.

As coordenadoras-robôs tinham um ar assim, blasé, agiam e falavam de uma maneira assim calma, zzzzzzzzzzzzzzzzzzz... e eu, crítica feito o capeta, pegava erros no inglês delas direto e me dava uma vontade de corrigir. Só podíamos nos comunicar em inglês, o que de acordo com eles era uma forma de se aprimorar na língua e não só ficar ouvindo os erros dos professores, quer dizer, dos alunos, mas quem disse que me era dada a liberdade de corrigir as coordenadoras ou qualquer outro professor?

Acho que é exatamente esse o motivo pelo qual falo bem tantas línguas, porque sempre pedia e ainda peço a quem sabe mais que me corrija. Sempre fui assim. Não me incomoda ser criticada e nem que as pessoas sejam francas comigo, nunca me importou. Eu sou "fominha" para aprender, quero saber de tudo e sei, como educadora, que a única forma é sendo constantemente corrigida e estar preparada para levar umas boas pancadas.

É igual ao caso da bicicleta. Tombos eram o segredo. Bem, a metáfora serve para tudo quanto há. Você quer mesmo aprender? Prepare-se, faz parte, vai levar uns tombos, mas se recupera. Sou durona e aguento críticas. Posso até morrer de chorar, mas trancada no banheiro. Vem com moleza, não, que isso não ajuda em nada bipolares. Coragem!

É claro que eu não durei nem um mês nessa escola e quando a dona, com sua arrogância habitual, começou a me dar uma bronca daquelas e dizer que "ninguém critica a minha escola", eu me levantei na hora e respondi: "Ok. Você não está satisfeita comigo. Olha, nem eu com você". Ela gritou e me chamou de volta dizendo toda cheia de si que a conversa não tinha acabado. Daí eu lasquei: "Quem você pensa que é para decidir quando a conversa acabou? Quem decide sou eu, bruxa, porque do mesmo modo que você pode me demitir, eu posso pedir demissão, a escravidão foi abolida já faz tempo, você não viu na TV, não?".

Virei as costas e nunca mais olhei para trás. Se querem saber, foi uma das atitudes mais controladas que tive na vida, porque, se eu fosse discutir com ela, a coisa ia ficar muito feia e, eu, nesta altura do campeonato, não tenho mais tanta paciência para brigar com ninguém.

Aliás, adoro meu trabalho como tradutora porque sou eu quem escolhe as palavras e posso alterá-las quando assim o entender. Faço o meu próprio horário e fico afastada da mediocridade, na minha salinha, quase não vejo ninguém (e vocês acreditariam se eu dissesse que até assim ainda consigo me indispor com as pessoas? Pela internet, claro).

Uma coisa tenho de registrar: eu simplesmente adorei os alunos, eram uma graça. Tinha um em particular que era tão antenado e inteligente que me chamou a atenção. Um adolescente brilhante. Vários, a bem da verdade. Eu adoro adolescentes. De verdade. Eles têm aquela vibração juvenil que infla de energia, são lindos, inteligentes, maravilhosos, complicados e me arrancam risadas. E a escolinha era bem decorada. Ponto pra ela.

Não pensem vocês que estou me "ufanando" e nem achando bonito nada que fiz ou deixei de fazer. Mas duas coisas são certas: parei com a autotortura devido a meus erros e, atualmente, não estou nem aí pra ninguém. É estranho, mas de tanto tentar ser "normal" e agradar as pessoas, acabei por gastar todos os cartuchos. É isso aí, joguei a toalha e não ser normal passou a ser normal para mim. Vocês entenderam ou fui muito prolixa?

Psicólogos e suas abobrinhas

Terapia 1: Técnica radical e totalmente idiota

Comecei achando desconfortável falar de coisas pessoais com estranhos. A terapeuta era lacaniana e não me identifiquei, não foi uma experiência positiva. É lógico que sei que há pessoas que devem adorar e se adaptar. Simplesmente, não aconteceu comigo. Para começar, esse papo de tempo lógico para mim é uma baboseira (sei que muitos vão discordar, mas é só a minha opinião, não estou generalizando).

Quando o consultório dela estava vazio, meu "tempo lógico" era de uma hora. Quando estava cheio, podia ser até de cinco minutos! Tempo lógico para mim é aquele pelo qual eu estou pagando e ponto final. Entendo o conceito, só não gosto da técnica, ideia, ou seja lá o que for que Lacan quis criar com isso. Podem me chamar de ignorante ou o que for. O diabo é que a terapeuta resolveu usar uma "técnica radical" comigo, usando meu próprio veneno. Saí de lá aos prantos, sentindo-me a própria "sanguessuga do ânus do hipopótamo" – muito pior do que o "mosquito do cocô do cavalo do bandido", porque pelo menos o mosquito ainda pode voar, locomover-se e a sanguessuga do hipopótamo só fica lá, parasita, alimentando-se dos restos das necessidades fisiológicas do hipopótamo!

Quis cancelar a terapia por telefone, mas a terapeuta só aceitaria se eu fosse ao consultório. Como ela ligava todos os dias (que mulher chata), resolvi ir e colocar tudo em pratos limpos. Nada que ela dissesse me faria voltar, porém, ela se sentia na obrigação "ética" de me explicar a bendita técnica.

Eu não estava nem aí para a técnica, como se houvesse alguma que pudesse explicar a maneira estúpida com a qual ela lidou com o meu problema, fazendo-me sentir a última das pessoas. Se aquilo foi alguma técnica (coisa que não acredito, porque acho que saiu da cabecinha burra dela mesmo), foi de quinta categoria e eu ainda tive que pagar por isso! Eu fui lá para ser ajudada e não ter a minha autoestima esmagada, pois ela já estava em pedaços.

Achei essa terapeuta muito ignorante. Como é que alguém faz um negócio desses? Inacreditável. Nunca consegui esquecer isso e nem quero, para não cometer erros desta natureza de novo. Uma qualidade eu tenho: aprendo muito com os meus erros. Ah, como aprendo. Antigamente ficava me mortificando, remoendo, mas hoje em dia só refresco a minha memória e bola pra frente.

Essa mulher me causou um verdadeiro trauma e aversão por Lacan. Ainda vou mergulhar nos livros dele para ver se tiro a má impressão, mas acho difícil. Adquiri uma implicância tremenda.

Um conselho que eu dou para quem se interessa ou se identifica com o meu problema é o de pesquisar bastante antes de iniciar uma terapia. É um tratamento caro, de resultado lento e há muitos psiquiatras e psicólogos que se dedicam quase que exclusivamente ao TAB. Isso pode fazer toda a diferença, acreditem em mim. Se cair nas mãos de um ignorante despreparado, a experiência pode ser devastadora e você sair aniquilado! Um terapeuta despreparado pode causar mais danos do que a sua própria doença, é muito sério.

Terapia 2: A terapeuta Poliana

Depois de uns anos, resolvi experimentar outra. Ai, conseguiu ser pior do que a primeira. Era do tipo "*I am ok, are you ok today?*" Totalmente "*American*", no mau sentido do termo mesmo, superficial como eles conseguem ser quando o chamam para visitá-los, mas o convite é só de "brincadeirinha" (não vou generalizar, inclusive porque morei um ano nos Estados Unidos e conheci pessoas muito legais. Bem, nem tantas assim.).

Eu olhava para a mulher falando e direcionando grosseiramente a terapia para técnicas de PNL (Programação Neurolinguística, para quem não conhece). Não tenho nada contra a PNL, não me interpretem mal, só que não se aplica ao caso. Brincar de Poliana não é exatamente o que o bipolar precisa. Ele pode até tentar ter uma atitude positiva em relação às coisas em geral, porém, a ansiedade que lhe é característica o impede de ter a paciência necessária, quer "resolver" logo tudo, como se isso fosse possível. Eu até invejo algumas pessoas por sua tranquilidade e falta de preocupação com os eventos diários. Adoraria ser assim.

Como a aceitação de si mesmo é o remédio mais eficaz para qualquer pessoa, e bipolares não são exceção, a única diferença é nossa tendência de exagerar e dramatizar tudo.

A terapeuta falava comigo com um jeitinho todo manso, eu me sentia como uma criança de 5 anos. Pra resumir, eu me sentia a própria idiota, como se não tivesse consciência das coisas ao meu redor. Era uma verdadeira tortura. Não aguentei dois meses. Não foi tão traumático como da primeira vez, mas em matéria de idiotice, dava de dez!

Detesto ser subestimada, odeio mais ainda quem se mete a fazer o que não domina e, acima de tudo, gente medíocre e ignorante. Tolerância zero. Conselhos do tipo "tente ver o lado positivo das coisas" são completamente inócuos para um bipolar. "Não leve tudo tão a sério", "você tem que encarar a vida de uma forma diferente", me poupe! Transtorno bipolar não é brincar de ter problemas e nem "frescurite" aguda. É um distúrbio sério, pode levar ao suicídio. Como um terapeuta pode ter uma abordagem dessa? Ou é um completo imbecil ou comprou o diploma.

Terapia 3: O terapeuta que sabia como resolver todos os problemas. Querem o número do telefone?

Foi a experiência menos traumática, mas o terapeuta ficava o tempo todo "dando pitaco" na minha vida, querendo direcionar minhas decisões e resolver os problemas por mim. Achei absurdo aquilo e ao mesmo tempo risível. Como aquele idiota achava que poderia resolver meus problemas? E os conselhos que dava? Minha vontade era de dar uns bons tapas nele e mandá-lo de volta para o ensino fundamental, terceira série, no máximo, com muita boa vontade.

Eu ficava olhando para ele boquiaberta, perguntando de onde tinha saído um profissional tão incompetente, fora da realidade e sem noção como aquele.

Cidade pequena é assim mesmo, há muita mediocridade. A universidade é medíocre, as faculdades também e as escolas, por sua vez, não podem ser diferentes.

Não me pergunte que linha esses terapeutas seguem porque já esqueci, mas não perca as esperanças, companheiro bipolar! Há uma luz no fim do túnel, pois alguns profissionais se especializam em TAB e a terapia é benéfica. Só tome cuidado com as "indicações", porque o que pode ser muito bom para um, pode ser um pesadelo para outros. Não pensem que sou cética em relação à terapia ou daquele tipo que acha que é coisa de maluco, não. Muito pelo contrário, respeito o trabalho das pessoas.

Contudo, há várias ramificações e abordagens de tratamentos psiquiátricos e psicológicos. Tudo o que se pode fazer é tentar se identificar com uma abordagem e acertar com o terapeuta. A identificação com o terapeuta é fundamental, não é preciso nem dizer. Resistir e não querer tomar remédios é um problema também, porque infelizmente o tratamento de TAB é com medicação, não nem jeito.

Terapia 4: O terapeuta "jogo duro" no diagnóstico

Gostei de um que se recusava a me diagnosticar como bipolar. Dizia que era modismo apontar pessoas com TAB e que não é nada fácil fazer tal diagnóstico na realidade. Achei-o pelo menos responsável, queria investigar mais, saber se era isso mesmo. Bem, afinal, se ninguém sabe a causa, o diagnóstico é mesmo difícil fazer. No entanto, a observação sistemática do comportamento de um bipolar, pela própria família, amigos ou parentes, é muito eficaz para estabelecer se a pessoa sofre ou não do distúrbio.

Creio que o médico deve ser cuidadoso mesmo com o diagnóstico, porque TAB é coisa séria.

Concordo que há um modismo envolvendo o distúrbio atualmente. No meu caso não, porque o diagnóstico foi comprovado por vários profissionais e há mais de dez anos, quando se falava pouco no assunto. Era algo que me deixava sem jeito, e eu sou inconformista por natureza e exigente comigo mesma. Como é que eu podia ter um distúrbio desses? Inaceitável! Comecei a melhorar quando mudei o referencial de opiniões. O que quero dizer é que, em geral, pela baixa autoestima, os bipolares tiram a referência do foco certo sobre si mesmos.

Preocupam-se em demasia com a opinião de terceiros, nem sempre significam algo (na maioria das vezes não significam nada) em suas vidas. O importante é conseguir harmonia e aceitação dentro de si mesmo e com as pessoas que têm significado real em sua vida. Nesse aspecto, não posso reclamar. Estou muito bem com minha família, meu pai sofria de TAB também, mas era um pai maravilhoso de quem tenho muitas saudades.

Dos meus pais, sempre recebi compreensão e amor. Dos meus irmãos também, temos fortes laços de amizade que nunca se romperam. Dos meus filhos é o mesmo, são amorosos, alegram a minha vida, me fazem enxergar com outros olhos e são apaixonados por mim, como sou por eles. Aliás, há ocasiões em que fico até neurótica me perguntando se estou fazendo um bom trabalho com eles como mãe, por causa do bendito TAB. Minha mãe diz que é neura minha, porque sou ótima mãe. Bem, acredito nela porque ela sabe dar uns belos puxões de orelha quando é preciso.

O Transtorno Bipolar altera muito a autoestima. Há situações em que duvido de mim mesma. Nesse sentido, a terapia auxilia muito, ajuda o bipolar a ver que ele sabe realizar coisas, consegue fazer. Odeio quando duvido de mim mesma. Isso já não acontece com tanta frequência, pois tenho noção dessa determinada tendência, presto mais atenção a esse aspecto em especial e evito o que não quero.

Tenho muita sorte, porque essas pessoas que eu citei são as que realmente interessam. Qualquer outra é secundária e meus relacionamentos primários são muito bons. Convoco as famílias dos bipolares a prestar mais atenção e procurar entender o que se passa com eles, compreender o distúrbio e como ele se manifesta. A base da felicidade de qualquer um está na família, mas, para um bipolar, a família é também a manutenção da estrutura psicológica, afetiva e até profissional. No relacionamento amoroso é importante que o parceiro observe e perceba para poder ajudar. Parceiros de bipolares pegam uma "carga pesada".

Terapia 5: Claudia e o sexo (viram o filme? É o máximo – o título já é o máximo – "Lucia e o Sexo"), já sei, meu trocadilho foi infame, vamos mudar para "o analista que só tinha sexo na cabeça", ficou bom?

Fui a um terapeuta que só tinha sexo na cabeça. Quando eu me lembro disso, sempre dou risada. Eu comecei a falar do transtorno bipolar e tal e ele de repente me sai com a pergunta "e a vida sexual?". Eu achei estranho e disse que ia muito bem, obrigada. Continuei a falar sobre o que tinha me levado até lá e lá veio ele outra vez "e o sexo, está normal?".

Bem, aquilo já começou a me incomodar, afinal o que tinha sexo a ver com TAB? Virei para ele e perguntei se ele tinha alguma teoria que ligasse transtorno bipolar a problemas sexuais. Ele me responde com a maior cara de pau que não e ainda me pergunta por quê. Eu resolvi me deixar tomar pelo TAB (nunca me foi tão conveniente), me levantei e disse a ele que ou ele era tarado ou estava se fazendo passar por algum terapeuta ou era simplesmente idiota. Fui embora. Sem pagar a consulta, é claro.

Sexo é um dos poucos problemas que eu não tenho e esse idiota queria achar problema até aí! Ah, não! Se tem uma coisa que gosto na vida, essa coisa é sexo, assim como o Roberto Carlos, com amor, sem amor, e viva o tesão. Não tem terapeuta dos infernos que conseguirá mudar isso. Será que não posso ser normal em pelo menos uma coisa?

Eu até comecei a achar que meus problemas eram de origem sexual! Caramba, esse negócio de terapia é muito sério! As pessoas não podem sair por aí fazendo diagnósticos tresloucados porque estão lidando com as "crenças" de uma pessoa, com seus valores e sentimentos, é muita responsabilidade, mas no caso, muita falta dela.

Terapia 6 – O terapeuta-pastor ou o pastor-terapeuta e a ovelhinha revoltada

Esta foi muito louca, camaradas! O terapeuta foi logo perguntando qual era a minha religião. Eu de cara já achei aquilo superestranho. O que terapia tem a ver com religião? Eu respondi que não tinha, mas que acreditava em Deus. Aí, o que eu mais temia aconteceu: ele começou a me "evangelizar", tentando me levar para a sua igreja, dá para acreditar em uma coisa dessas? Ele disse que a cura do meu problema estava em Deus e que Jesus me amava. Inacreditável! Eu calmamente me levantei e disse a ele que se eu quisesse rezar, teria ido a uma igreja e não a um terapeuta. Que maluco!

Contando assim parece até brincadeira, mas o mais espantoso é que não era. Eu fiquei pensando de onde tinha saído aquele ET e saí de lá rindo, pensando que, apesar de bipolar, ainda dou um banho de normalidade naquele beócio! Ele fazia parte de um grupo de ajuda e a pessoa que me indicou era evangélica. Tinha até um sítio para onde as pessoas iam fazer "curas internas", para viciados em drogas e outras coisas. Bem, a única coisa que posso dizer é: cuidado com as indicações.

Dou risada sozinha me lembrando dos terapeutas. Um era tarado, o outro obcecado por religião, uma doida que passou com um trator em cima da minha autoestima e uma *coach* de neurolinguística que acredita na fada madrinha. Senti-me tão normal. Olha, eu sempre fico me desculpando, mas é que quando a gente tem um problema igual ao meu, nem PNL intensiva e massacrante dá jeito. Pensamento positivo e programado pode ajudar muito, mas como é que eu vou programar o improgramável? Eu não mando na minha mente é ela que manda em mim! Não produzo lítio galera, eu não levo a vida, é ela que me leva. Não pronuncio palavras, elas me dominam. Não sou dona de meus atos, eles é que me dizem aonde ir... Sou prisioneira de mim mesma, gente. Meu anjinho e meu capeta às vezes não entram em acordo e eu é que pago o pato!

Considerações pessoais sobre o TAB

Apesar de não ser psiquiatra nem psicóloga, que em tese deveriam saber tratar pessoas com esse distúrbio, sei muita coisa, aprendida de forma empírica, afinal, sou portadora do distúrbio, o que me dá no mínimo o direito de ter opiniões a respeito. Sei que às vezes abuso dele, mas é porque sou empolgada.

Quando estava pesquisando sobre o TAB – aliás, sempre pesquiso o assunto, entre outros temas, porque nunca vi gostar tanto de se informar assim –, eu marcava consultas com psiquiatras e psicólogos para arrancar deles suas opiniões. Sabia que não voltaria a esses consultórios, era só para saber mesmo, já que os livros e a internet não têm tudo. A experiência humana é a mais rica, sem dúvida. Fui a uns 15 psiquiatras e a uns 18 psicólogos para obter informações para minha pesquisa.

Houve médicos que me prescreveram uma quantidade absurda de remédios e outros que se recusaram a fazê-lo. Houve de tudo. Até me identifiquei com alguns. O fato é que estou cansada de terapia e como o distúrbio só se estabiliza com remédios, não vejo sentido em fazer terapia. Custa caro e eu já aceitei o problema. Como posso ser tão mentirosa? E o fato de que não posso ficar sem tomar a medicação. Estou em uma fase muito equilibrada da minha vida no tocante ao TAB. (O tamanho do narizinho do Pinóquio não chega nem aos pés do meu.)

Acho que a inadequação social, no meu caso pelo menos, se deve muito ao medo da perda do controle – olha eu querendo controlar tudo, não tenho jeito, não. Como muitas vezes não somos donos de nós mesmos, os bipolares receiam ser dominados pelo problema por se sentirem incapazes de controlá-lo. De maneira geral, as pessoas se sentem bem quando aceitas em sociedade, não no sentido amplo da ideia, mas no que significa estar inserido em um grupo e se sentir bem.

O medo de sermos "tomados" pelo outro, uma coisa assim meio Dr. Jekyl and Mr. Hide – *O médico e o monstro*, para quem não sabe – é por vezes mais forte do que se pode imaginar. Comparo a duas pessoas distintas ocupando o mesmo corpo. Devo dizer que a atitude de terceiros em muitos casos não ajuda nem um pouco.

Um bipolar pode fazer um esforço enorme para participar ou tentar inserir-se em uma situação que não lhe é confortável, socialmente falando, e não conseguir respaldo algum das pessoas. Pode ter certeza que ele vai "fugir da festa". Aliás, eventos sociais podem ser verdadeiras torturas. Eu costumava adorar festas e muitas vezes era o centro das atenções, tocava violão, dançava e me sentia perfeitamente à vontade, até o dia em que alguém me convenceu de que eu não era adequada – e não estou me referindo ao médico.

As pessoas, de modo geral, tendem a rotular todo mundo. Simpático, antipático, sorridente, tímido e por aí vai. Como rotular um bipolar que acorda morrendo de rir, está taciturno no almoço e quase morre de tanto chorar antes de dormir? Tudo em um só dia? E quando queremos comprar o mundo – e pior, tentamos? Fazemos projetos mirabolantes, somos milionários e acordamos de ressaca no dia seguinte. Isso tudo é punk, como diria meu dileto psicanalista metido a moderninho.

Eu há muito já desisti de buscar aceitação em outras pessoas e muito menos compreensão. Ninguém está preocupado de verdade com você a não ser sua família e alguns bons amigos (raridade), então, tento manter o foco em quem realmente interessa, em quem faz a diferença. Não pensem que sou amargurada ou cética em relação às pessoas, apenas realista. Cada qual no seu quadrado.

A preocupação em agradar e ser "adequada" deu lugar à dedicação às pessoas que realmente me amam e se importam comigo. Não que eu não me interesse e não goste das pessoas. Tenho um interesse natural por pessoas e gosto de conversar, trocar ideias e tudo mais; afinal, sou professora, intérprete e adoro gente, mas diante da minha realidade, o melhor que posso fazer por mim mesma é ignorar o que não me é benéfico. Não construo uma fortaleza ao meu redor, mas também já não me importo com opiniões alheias, comentários maliciosos, atitudes hostis e outras coisas que antes me perturbavam – me importo sim, gente, só que agora menos. Ignoro pessoas medíocres com uma facilidade impressionante. Meu marido fica estupefato como consigo ter uma atitude assim. Para mim é fácil demais. Ah! Se todos os meus problemas se resumissem a ignorar gente burra e ignóbil...

Para mim tudo que acabei de citar foi uma verdadeira vitória. Não é fácil simplesmente "não ligar" para o que os outros pensam. Garanto, por experiência própria, que é possível e até necessário à sobrevivência social, psíquica e até mesmo profissional.

Já conheci pessoas portadoras de TAB que ficavam se "ufanando" por terem o distúrbio. Nem sei se tinham mesmo, mas eu o acho temeroso, portanto creio que essas pessoas não o tinham. É impossível uma pessoa gostar de ter um distúrbio dessa natureza. Talvez masoquistas curtam a ideia de sofrer de uma doença que não tem cura, não se conhece a causa, é difícil de ser diagnosticada, causa uma dependência vitalícia de medicamentos e faz você sofrer imensamente! A mulher que citei, aquela dos choques, disse que as pessoas chegam pra ela e dizem que são bipolares e ela diz que não, que eles não sabem o que estão dizendo. Faço minhas as palavras dela. A quantidade de gente que chega pra mim e diz que é bipolar também é impressionante. Ou o distúrbio está incrivelmente frequente ou o diagnóstico é tresloucado!

Eu sou bastante positiva e creio que ainda vão descobrir algumas coisas que ajudem os bipolares (só estou querendo alegrar vocês um pouquinho). Sou inconformista, então, penso que é perfeitamente possível. Se o distúrbio está se alastrando, é até benéfico por um lado, considerando que os cientistas tendem a se dedicar a doenças que estão em franca expansão (parece até que estou falando do mercado de commodities).

CAUSAS POSSÍVEIS EM MINHA OPINIÃO

O famigerado estresse

Uns já me disseram que pode ser devido ao estresse moderno. Bem, o estresse é o vilão dos vilões atuais, então deve contribuir bastante, mas causar o TAB? Não considero como causa primária, mas como agravante. É claro que uma pessoa submetida a altas cargas de estresse vai apresentar mais problemas que outras, não só de ordem física, mas psicológicas e comportamentais, tais como síndrome do pânico, dentre outros (nunca tive, como será? Não, minha curiosidade não chega a tanto, não quero saber realmente).

Observo que os jovens hoje são muito mais propensos a doenças de fundo psicológico a quando eu era jovem. Vejo muitos casos, pois trabalho com adolescentes também, jovens lindos, saudáveis, inteligentes e que se encontram em estado de desajuste psíquico em uma proporção alarmante. Talvez antes eu não prestasse tanta atenção. Talvez antes houvesse menos estresse (quando eu tinha vinte e poucos anos). Talvez eu observe mais hoje porque tenho filhos. O fato é que parece ter havido uma mudança mesmo, é uma opinião bastante difundida. Volto a frisar que não sou especialista no assunto e nem tenho a pretensão de sê-lo. Para dizer a verdade, não tenho pretensão nenhuma.

Estresse virou até um vício hoje em dia. Parece que tudo é associado a ele. Se você tem sintomas que o médico não consegue diagnosticar ou tratar, pronto, aí vem o estresse. É mais ou menos como a tal da "virose". Alguém por acaso sabe me dizer ao certo o que é uma virose? Quando os médicos não sabem o que você tem, então é virose que por sua vez está ligada à baixa imunidade que por sua vez é associada ao estresse! O tal do estresse é poderoso, não se pode negar.

Não posso deixar de dizer que o estresse ataca todas as pessoas. Infelizmente, um bipolar já é naturalmente atormentado, ansioso e sofre do que gosto de chamar "a síndrome da montanha-russa" que deu nome ao livro, porque acho que metaforicamente descreve com exatidão o que é ser bipolar. Essa coisa de ficar alterando seu estado de humor constantemente é extenuante. Aí temos o estresse normal, do qual as pessoas já sofrem, associado a um distúrbio que causa estresse de dentro para fora. Isso significa dizer que temos estresse ao quadrado. Imagine ficar o tempo todo se sentindo estressado. Isso arrebenta qualquer pessoa e é assim que o bipolar se sente. Não sei se todos os bipolares se sentem assim, eu me sinto assim.

Herança genética

Ponto nevrálgico do problema. Como meu pai era portador de TAB, tenho tendências a desconfiar de fatores genéticos. As opiniões a respeito são controversas e não há provas cabais que justifiquem a atribuição do TAB à genética. Fica então "no ar" a participação de fatores genéticos no tocante ao problema. Não creio que ninguém deva ser categórico em relação à herança genética nesse caso. Como sempre, minhas dúvidas pairam no ar também pelo fato de eu ter convivido com um pai bipolar, mesmo que não tivesse consciência do fato na época. Penso que se ele tinha e eu tenho, posso muito bem ter herdado dele.

Eu sou parecida com meu pai em muitos aspectos. Tenho sua estrutura corporal, seus cabelos lisos, as mesmas mãos – já fiquei logo com os olhos cheios de lágrimas lembrando das mãos de papai, pode? Eu acho que não me recuperei do fato de ter ficado adulta e tenho síndrome de que mesmo? Se fosse homem diriam que era de Peter Pan, de mulher seria Alice no país das maravilhas? É, acho que sofro dessa síndrome, não quis e me recuso a crescer, quero o meu pai e pronto! Herdei também algumas manias. Quem sabe o TAB também?

Não acredito que deva ser descartada a hipótese, já que em muitas doenças o fator genético pode contribuir ou não, pode ser preponderante ou não. Existem muitos profissionais da área que levam muito em consideração a genética. É mais uma coisa para ser investigada com carinho.

Eu creio que a herança genética deveria ser levada mais a sério, afinal é uma doença do grupo das psicoses que, assim como a esquizofrenia, se herda com mais frequência do que se possa pensar, e isso é comprovado.

Freud se dedicou aos estudos das neuroses adquiridas ao longo da vida devido a traumas e acontecimentos diversos. Já Lacan se debruçou sobre as psicoses ligadas a fatores genéticos, e isso não pode ser ignorado já que o TAB é também uma psicose maníaco-depressiva. Um dia ainda vou ler Lacan para entender o tempo lógico e *otras cositas más*. Dizem que as traduções são mal feitas, que não dá para entender Lacan a não ser no original. Vai ver é por isso que existem tantos "terapeutas lacanianos" incompetentes. Eu, apesar de maluca, sou chique, falo e leio francês fluentemente. Vou desvendar os segredos desse cara e escrever um livro inteirinho dedicado ao meu querido tempo lógico.

Fatores socioculturais

Com toda a certeza, tais fatores têm alguma coisa a ver com o TAB pelo simples fato de que eles se refletem em toda a humanidade de maneira geral. Deve haver conexões fortes envolvendo a cultura e a sociedade em que o indivíduo está inserido, que tornam a situação mais ou menos propícia para o aparecimento do transtorno. Como já disse, não é doença de rico, lembrem-se das estatísticas dos detentos.

O mínimo que pode acontecer é a pessoa portadora sofrer muito mais se está inserida em um grupo social que não oferece compreensão, atenção, cuidados médicos dentre muitos outros aspectos ligados à criação, posição social e condições financeiras.

Uma pessoa que não tem condições financeiras para adquirir os medicamentos deve sem dúvida viver em um pesadelo que nunca acaba. Penso muito nisso. O mundo não quer saber se você tem algum problema ou deixa de ter. Todos querem que você seja competente no trabalho, controlado, especialmente em situações periclitantes, que você seja educado, paciente, equilibrado e uma infinidade de coisas que o homem, por sua própria natureza, encontra dificuldades em ser e fazer.

É aí que quero chegar, a falta de compreensão alheia é para mim o fator mais agravante para quem sofre de TAB. Quem desconhece que a pessoa é portadora, não conseguirá compreendê-la, menos aceitá-la ou mesmo suportá-la. As pessoas não podem ser culpadas; é óbvio, eu só estou analisando pelo lado do bipolar. Ninguém quer saber do problema de ninguém ou ficar preocupado se as pessoas sofrem de distúrbios.

Querem normalidade a qualquer preço.

Fatores de ordem personalíssima

Quando digo que é de fator personalíssimo é porque as pessoas possuem diferentes históricos de vida e não se pode ignorá-los. A pessoa tende, por vezes, a ser agitada e nervosa ou calma e despreocupada (ai, que inveja). É no mínimo óbvio que uma pessoa nervosa e agitada apresente sintomas de problemas de ordem psíquica.

A personalidade de cada um é importante para o TAB. A maneira de encarar a vida, os problemas, as vicissitudes, as dificuldades, dentre outras coisas, fazem muita diferença para um bipolar. Faz diferença para todo mundo, o que também é óbvio. No entanto, se alguém tiver que desenvolver o distúrbio, o "nervosinho" é o que vai primeiro. Culpa dele? Claro que não, mas ele vai pagar por isso mesmo assim, pode ter certeza. O "nervosinho" sempre sai perdendo, mesmo que esteja com razão, porque enfia os pés pelas mãos e vai invariavelmente levar a culpa, perde a razão. O descontrole tem esse poder.

O bipolar tem uma tendência intrínseca a exagerar as coisas e enxergar negativamente os problemas. É necessário compreender que ele tem dificuldade para lidar com os problemas e com as relações com pessoas, por isso, frequentemente se desespera sem necessidade, sofre com uma angústia muito forte. Parece que "não vai dar conta". O problema reside no fato de que as pessoas não estão nem aí para você.

Ajuste-se ou dane-se! Pode parecer cruel, e é. Mas é a pura verdade. As pessoas se preocupam consigo mesmas e não vai aqui nenhuma crítica amarga, é apenas uma constatação lógica. Não bancar o pobrezinho é vital. De que adianta buscar a compaixão alheia? Devemos é nos conhecer, nos observar e não deixar que as pessoas pisem em nós, mesmo se dermos motivo.

Aconteceu muito recentemente comigo uma coisa especial. Uma pessoa que mal me conhece teve tanta compreensão com o meu jeito de ser e conseguiu superar em si mesmo uma série de conceitos que eu fiquei até admirada. Esta pessoa tem até influência de outra cultura, muito diferente da nossa e mesmo assim foi capaz de suplantar muita coisa e me deu uma chance. Essa pessoa é muito rara, inteligente, sensível, articulada, paciente e generosa. Nunca hei de esquecê-la.

Eu dobrei minha medicação por causa dela, para ela não desistir de mim e nem foi preciso. Agora estou com a cara cheia de espinhas à toa, mas valeu mesmo assim. No final, essa pessoa era apenas uma fingida, uma farsa e uma decepção, mas a experiência fica, aprendi com ela a não confiar em ninguém nunca mais, e agora aprendi mesmo! Obrigada criatura dos infernos, valeu! Só mais uma experiência para eu finalmente aprender a não confiar em ninguém, que beleza.

Família e amigos

Pai de bipolar e pai bipolar

Ocorreu uma grande mudança interna em mim depois da morte do meu pai em 2009. Não pensei que fosse me atingir tanto, levando em consideração que ele estava muito doente e que seu sofrimento era o meu e o da minha família também. Sinto uma imensa falta dele.

Tudo o que eu fazia era lindo, eu era linda para ele, a mais inteligente, a filha que todo mundo gostaria de ter. Lembro-me tanto quando saí de casa para morar com meu marido, não nos casamos porque eu não tinha nenhum sonho a esse respeito e para o meu namorado era muito importante *não* se casar, sabe-se lá por quê. Eu não estava nem um pouco interessada em forçar ninguém a se casar na igreja, no civil ou o que fosse porque me parecia ridículo e feria minha autoestima exigir de alguém que se casasse comigo. Porém, queria fazer a vontade de papai.

Eu fiquei tão dividida. Talvez eu devesse ter sido mais exigente com meu marido, mas me sentia mal em forçar tal atitude porque o fato me balançava; afinal, ele vinha de uma família rica e tradicional e eu de uma família de classe média. Era muito importante para meu pai e eu me arrependo de não ter feito a vontade dele, porque foi a pessoa que mais me amou na vida e fico muito triste quando me lembro disso. Carrego essa culpa e sempre carregarei, não custava nada ter feito a vontade dele. Agora que ele se foi, penso em como teria ficado feliz em me levar ao altar. Ele também era "pró-eu", a favor de qualquer filho, os seis que tinha!

Meu pai também, sendo bipolar, sofria imensamente pelo fato de não ter conhecimento de que era portador do transtorno e por nunca ter sido medicado. Imagino o que ele não deve ter passado. Ser pai de alguém com TAB é difícil por si só devido à alteração de humor a que está sujeita a pessoa que tem o distúrbio. Mais a impotência que o pai deve sentir ao perceber o quanto é difícil lidar com a situação, principalmente se não está a par dos problemas que o TAB causa. Meu pai sofreu por ser bipolar e por não saber que tinha uma filha com o mesmo transtorno, e que também não fazia ideia, portanto, vários conflitos ficaram sem explicação.

Na minha formatura, ele morava em outro Estado, era longe. Ele me ligou dizendo que infelizmente não daria pra ir e no dia ele estava lá de terno e gravata, todo arrumado e levou minha mãe, meu irmão e minha irmã. Fiquei tão emocionada, estou tão feliz nas fotos, foi uma surpresa maravilhosa. Ele valorizava cada passo que eu dava. Adorava dizer a todos como sua filha era inteligente e falava tantos idiomas. E me disse algo que nunca hei de esquecer: "Pois você acha que papai ia deixar de vir à formatura de uma filha maravilhosa como você que só me dá alegrias?".

Outra coisa inesquecível: mesmo magoado no dia em que saí de casa para morar com meu namorado, ele me deu todas as chaves da casa e disse: "Filha, saiba que não importa o que acontecer em sua vida, a casa de seu pai será sempre sua e eu e sua mãe estaremos de braços abertos caso você queira voltar. Eu sou o seu melhor amigo". E era mesmo. Mesmo bipolar, acho que me compreendia mais do que qualquer um, ainda que sem saber. Não sabia, mas sentia. É muita sorte ter um pai assim. É muita sorte ter uma família como a minha. Nada se compara, nada compra.

Este capítulo é do meu pai, eu sou parte dele e hoje vejo quantos sacrifícios fez por mim. Dizia que me amava todas as vezes que me via. Eu sei que falava a mais pura verdade. Até hoje gosto do cheiro de cigarro misturado com aquelas colônias pós-barba porque me remetem imediatamente a ele. Era "cheiro de pai", como diz meu filho mais novo. Cheiro de pai é inesquecível. Sinto por aqueles que não tiveram o que eu tive, uma relação especial com o pai. Isso é uma coisa que nada pode substituir. Estou escrevendo e minhas mãos estão tremendo e as lágrimas correm soltas pelo meu rosto porque sei que nunca mais o verei. Mamãe disse que eu ainda iria conseguir pensar nele sem chorar. Bem, ainda não cheguei lá.

Vou citar Gilberto Gil para a alegria do meu grande amigo bipolar. Há uma canção de Gil do disco *Refazenda* que eu não posso escutar porque caio no choro imediatamente, ela é assim:

Eu passei muito tempo
Aprendendo a beijar outros homens
Como beijo meu pai
Eu passei muito tempo
Pra saber que a mulher que amei, que amo, que amarei
Será sempre a mulher, como é minha mãe
Como é minha mãe, como vão seus temores, meu pai como
Vai?
Diga a ele que não se aborreça comigo
Quando me vir beijar outro homem qualquer
Diga a ele que eu, quando beijo um amigo
Estou certo de ser alguém como ele é
Alguém com sua força pra me proteger
Alguém com seu carinho pra me confortar
Alguém com olhos e coração bem abertos
Pra me compreender...

Pois fique sabendo, camarada bi, que eu o beijei como beijava meu pai.

Mãe de bipolar – sensacional

Mãe para mim é sinônimo de simbiose total. Eu e ela somos tão conectadas que sonhamos e sentimos as mesmas coisas, temos uma identificação inexplicável e deliciosa. Minha mãe sempre me compreendeu instintivamente, não tinha a menor noção do que era TAB, conviveu com o meu pai, cujo distúrbio se manifestava muito mais do que em mim e sempre com sua paciência e amor conseguiu contornar e nos ajudar a superar várias fases difíceis. Parece e é piegas, mas seu amor significou a base da minha estrutura para eu poder ser mais feliz.

Assim como para o pai, para a mãe de um bipolar o transtorno deve ser um pesadelo horrível. É por essa razão que insisto na observação e na dúvida sistemática para que os pais tenham certeza de que seu filho seja ou não portador de TAB. Se o sabem, tudo pode ser tão mais fácil e diferente para todos os envolvidos. Não é fácil ser mãe, ponto. Quanto mais de um bipolar! Muitas vezes eu quis poupar minha mãe de algum problema, mas é impossível! Ela me conhece tanto que só pelo meu tom de voz já sabe se tudo está bem ou não. É uma pessoa extremamente afetiva, alegre, criativa e é a minha melhor amiga, sempre foi e sempre será. Sabe tudo de mim, eu sei tudo dela. Não temos segredos e com a idade e maturidade fomos ficando cada vez mais cúmplices. Posso falar de tudo, filhos, relacionamento, frustrações, sexo, tudo mesmo.

Sempre tivemos bastante diálogo, mas agora, mais madura e com família e filhos, somos duas mulheres adultas e podemos falar e trocar ideias sobre tudo. Alguém faz ideia de como é importante para um bipolar ter uma mãe como a minha? Críticas suaves, abordagem delicada, carinho, cuidados, amor. Ela tem muito amor para dar. Disse-me uma vez que sempre sonhou em ter muitos filhos. Bem, teve seis.

Confesso que abuso, amor nunca é demais para um bipolar, sou gulosa. Tenho dificuldade de dividi-la com aquela "trupe" de irmãos! Sou ciumenta, quero que ela seja só minha, é isso mesmo, monopólio materno! É que ela me faz tão bem e não há nada que me peça que eu não faça ou não tente fazer. Eu me desdobro para arrancar-lhe um sorriso, mas eu sei que dou mais motivos para preocupação do que sorriso. As mães de bipolares costumam ter problemas graves de relacionamento com eles. No meu caso não ocorreu. Como já disse antes, minha mãe tinha uma compreensão instintiva do problema, como se soubesse, só que não sabia. Ai que sorte! Pra mim, mãe que é mãe tem de ser assim, como a minha. O filho está sempre certo (na hora da briga e na frente de todo mundo – em casa, o pau pode até quebrar depois), é o mais inteligente, o mais bonito, tem que ser beijado e mimado até dizer chega e é o melhor, o maior – Afinal, ele é o *seu*! Pai também.

Lembrei que uma vez a mãe do meu pai, que era uma "bruxilda", ficou falando sem parar da minha prima, que ela era isso, era aquilo, e meu pai se virou e disse: "Não estou nem um pouco interessado em fulaninha. Quero saber da Claudinha. Cadê minha boneca?". Estávamos passando férias na casa da avó "bruxilda" e era Carnaval – papai não estava de férias, mas foi nos ver. A situação era mais ou menos essa, deu pra entender? É que eu fiquei excitada e fui escrevendo assim sem parar pra não esquecer.

Ele foi o meu cavaleiro encantado naquele dia que chegou para me resgatar das mãos da malvada feiticeira que só ficava me comparando com a outra princesa, feia e esquálida. Mas eu não, era linda e vaporosa, uma verdadeira Cinderela – ai, pai, você era o máximo!

Irmãos de bipolares, pobrecitos...

Para começar, bipolares são ciumentos e querem atenção o tempo todo. As crianças normalmente já não gostam de dividir a atenção com os outros irmãos de maneira geral. Bipolares não querem nem saber, a mãe é deles, o pai é deles, a atenção é deles.

Minha mãe conta que eu não deixava meu irmão, que era apenas um ano mais velho, sequer chegar perto dela. Eu era grudenta e o chutava, botava pra escanteio mesmo. Minha mãe ficava até impressionada.

Sempre tive a personalidade fortíssima e, lendo sobre o transtorno, vi que é comum confundir pessoas de personalidade forte com bipolares. Realmente, é um erro fácil de ser cometido, só que pessoas de temperamento forte não têm crises depressivas, como bipolares, porque no TAB há um descontrole, o que descaracteriza temperamento forte, difícil, etc. Nem sempre um bipolar tem temperamento forte. Ele tem uma oscilação de humor, que o faz parecer desajustado, o que é muito diferente. Nós tomamos "moderadores de humor", como o lítio, para tentar "pilotar" a montanha-russa.

Confesso que viver em uma montanha-russa tem um lado bom, porque sou sempre franca e digo o que sinto. Bem, não sei se é uma qualidade ou um defeito, já que a maior parte dos problemas que tive e tenho são causados por aquilo que digo. Quando fico eufórica falo demais, mas com raiva é ainda pior. Acabo ferindo as pessoas e sofrendo, então ser sincera é bom e é uma droga. A minha relação comigo mesma é assim, eu me amo, eu me odeio, amo, odeio, amo, odeio, amo... Acho que vou parar no eu me amo pra ver se consigo me amar mais. Sabe aquela brincadeirinha da florzinha bem-me-quer, malmequer – e que a gente sempre dava um jeito de terminar no bem-me-quer? É mais ou menos isso.

Meus irmãos sempre foram carinhosos comigo, apesar de me acharem teatral e dizerem que eu fazia tempestade em copo d'água. Por incrível que pareça, éramos diferentes, mas amigos de verdade. Todos contamos uns com os outros para tudo e devo novamente agradecer a sorte que tive. Só fico p... da vida quando falam mal de mim pelas costas, principalmente aquele meu cunhado, viborazinha – e eu que gosto tanto de você! Foi fofoca, mas fiquei sabendo. Bem, não há família perfeita, foi isso que quis mostrar. Vejo tantas famílias se desentendendo por motivos tão fúteis e a minha é tão unida. Sei que é mérito de meus pais, isso com certeza!

Houve uma época em que ninguém me levava a sério. Pudera! Eu era vista como exagerada, dramática e em alguns casos eu realmente precisava de ajuda. É muito comum isso acontecer, por essa razão, não é bom subestimar os exageros dos bipolares pelo simples fato de que podem não ser exageros. Tenho noção de que há uma tendência bipolar para alarmes falsos, mas nunca se sabe. Mesmo sendo inconveniente, deve-se dar atenção aos "chiliques" bipolares, pode não ser apenas o que aparenta.

Amigos de bipolares – seres dotados de uma infinita paciência

Considero que tenho bons amigos, muito poucos – nesse aspecto acho que *less is really more*, um músico me disse que essa frase é do Miles Davies, é? Os que tenho me respeitam, se preocupam comigo e me dão muito carinho. Hoje mesmo recebi um e-mail desses de encher a alma de uma grande amiga jornalista e muito, mas muito boa no que faz. Daquelas que não invejam ninguém (não tem tempo), com conselhos bacanas, que só quem quer a gente bem sabe dar.

Tenho amigos de várias faixas etárias e gosto disso. Um dos melhores, para não dizer o melhor, é um homem. Os amigos do sexo oposto são muito bons quando verdadeiros. Ontem mesmo estávamos comentando o fato de ambos sermos compulsivos para falar e mesmo assim sermos tão amigos. Como nos vemos pouco, há sempre muito que dizer em pouco tempo. Ele sabe muito sobre mim porque confio nele. É uma das pessoas mais legais que conheço e sempre ouviu minha ladainha, acompanhou muitas fases da minha vida e nunca me julgou.

Isso é raro e como diria outra grande amiga, é belo. Adoro quando ela usa belo assim. Ela tem uma maneira de falar diferente, doce e é uma pessoa que admiro muitíssimo em todos os aspectos. Outra grande sorte que dei recentemente na minha vida. Já tive decepções amargas com amizades. Falsos amigos já me causaram um verdadeiro trauma, por isso fui ficando desconfiada e retraída. De certa forma, posso até dizer que não acredito em amigos, tenho o pé sempre atrás. De qualquer maneira, gosto de pensar que pode haver gente confiável, senão fico muito cética.

Ser amigo de bipolares requer paciência e compreensão. Obter isso da família é mais fácil, de amigos, não. Se você tiver um amigo que suspeita ser bipolar, observe e não se afaste, tente ajudar. Sou uma grande amiga quando conquistada. Como eu sou uma boa amiga, acredito que possa haver pessoas boas e amigas. O diabo é que eu sempre tiro por mim e acabo me ferrando, mas não perco a esperança, sou teimosa.

Uma vez uma amiga me observou conversando com a mãe dela, a quem eu acabara de ser apresentada, e me disse depois que, em dez minutos, eu contei a minha vida para sua mãe, e que achava que eu devia guardar segredo de minhas particularidades. Concordei e concordo. Julgo muito as pessoas por mim mesma. Se eu não faço alguma coisa, acho que outro também não fará, e sabemos todos que não é assim. Infelizmente, há pessoas que eu costumo chamar "do mal" mesmo, que têm prazer em ver a desgraça e o insucesso do outro. Como diria Woody Allen, ninguém fica totalmente desapontado com o fracasso do melhor amigo. Não sou extremista como ele, mas em parte concordo.

Os médicos e seus remédios

Há muitos anos eu sofria de dores no estômago. O diagnóstico era gastrite nervosa. O gastroenterologista receitava Lexotan a torto e a direito. Eu não sabia que o remédio tornava a pessoa tão dependente em tão pouco tempo. Ele me receitava sem o menor critério e fui aumentando a dosagem porque parava de fazer efeito e o organismo pedia sempre mais. Fiquei grávida. Meu médico disse que eu tinha de parar imediatamente. Parei. Duas semanas depois fui a Belo Horizonte com meu marido em um fim de semana e simplesmente "surtei" dentro de uma livraria. Felizmente, eu havia levado o remédio comigo, apesar de não estar tomando. Vomitei, tive dores de cabeça horríveis, angústia, palpitação, uma verdadeira crise de abstinência que só melhorou quando tomei o remédio.

Quando voltei ao médico e relatei o acontecido, ele foi se informar e, de fato, não se pode eliminar um "tarja preta" assim de uma hora para a outra. Tem de ser devagar, porque senão a pessoa não aguenta. Eu consegui em tempo recorde, por causa do filho que estava dentro de mim e aquilo estava me matando. Tinha pesadelos e sofria muito com a ideia de que aquele medicamento causasse malefícios ao bebê. Foi uma experiência muito dolorosa e difícil, não desejo a ninguém.

O que espanta é os médicos medicarem seus pacientes com remédios que causam dependência assim, sem mais nem menos. É uma falta de responsabilidade e de respeito pelo paciente incauto que confia no médico. Não aconselho os remédios que causam dependência. Você acaba sempre perdendo o controle e tomando mais e mais e não resolve o problema, é apenas um paliativo. Os moderadores de humor não causam tanto problema e são, sem dúvida, necessários, mas os famosos "tarja preta" são perigosos demais para brincar com eles.

Até hoje tenho vontade de esganar esse médico porque eu poderia ter vencido os problemas gástricos sem ansiolíticos tão fortes. Mandei até fazer uma pesquisa genética em São Paulo. Gastei uma grana só para saber quais os riscos que meu filho estava correndo.

O médico que encomendou a pesquisa me disse, assim que chegou o resultado, que havia uma porcentagem mínima de casos de bebês cujas mães tomavam Lexotan que nasciam com lábio leporino. Isso foi suficiente para eu cair no choro e ter os pensamentos mais sombrios. Por isso, consegui parar em três semanas, com dificuldade, dores de cabeça, insônia e o diabo a quatro.

Ainda bem que naquela época o Joaquim Phoenix ainda não fazia sucesso porque senão os meus sonhos iam ser com ele. Gente, acho esse ator horroroso, mas não é por causa do lábio leporino, mas pelo papel dele em *O Gladiador*, ele está nojento e mau. Ficou estigmatizado para mim. Toda vez que eu olho para ele eu vejo o vilão do filme. Isso prova a sua competência, a sua ótima atuação.

A tal da crise de abstinência é uma coisa horripilante. Seu corpo implora pela substância, mas você não dá e daí tome tremedeiras, tonturas, dores de cabeça insuportáveis, vômitos, diarreia, falta de apetite, insônia, palpitação, taquicardia, pressão baixa, dores nos músculos e mais. Admiro as pessoas que conseguem vencer a dependência de drogas, como cocaína, heroína, dentre outras, pois é muito violento o tal do *cold turkey*!

Evitem tais medicações se puderem, camaradas bipolares. Falo por experiência própria, mas também sei o quanto é difícil parar e viver sem os remédios. Ah, como sei... Imaginem estar esperando um bebê em uma situação como essa. As mães já têm um instinto natural de proteger e também de se preocupar em saber se o filho é saudável, não é uma neura, é natural.

Eu tomava uma droga que para sair do meu sistema levaria certo tempo. Não pensem que me livrei completamente da dependência. Sentia dores de cabeça horríveis e insônia durante muito tempo. Sentia-me incapaz fisicamente de gerar uma criança. Achava que estava doente e estava mesmo.

Pelo que pude observar em leituras e conversando com outras pessoas portadoras de TAB e também com médicos, os bipolares têm uma tendência a se tornar dependentes de drogas (das mais variadas) porque elas aliviam o sofrimento causado pelo descontrole emocional de que sofrem. Podem ser drogas lícitas ou não. No meu caso eram e são até hoje prescritas por médicos, porém, causam dependência do mesmo jeito.

Um dependente de drogas, lícitas ou não, já tem sua autoestima abalada. Depender é não ser autônomo, não ser dono de si, é uma sensação negativa. Conheço bipolares que se tratam com meditação, ioga, florais, homeopatia e buscam formas alternativas de controlar o problema. No meu caso, infelizmente, não consegui tratar com outras substâncias mais amenas.

Exercício físico ajuda, é inegável. Todos os médicos recomendam. No entanto, é um contrassenso, visto que se tomo remédios fortes não tenho ânimo para me exercitar. É muito frustrante. Para me exercitar, tenho que fazer um esforço enorme. Tempos atrás, era praticamente um vício, era viciada em esportes, atividades físicas, academia e tudo que fizesse eu gastar energia. Chegava até a ser uma compulsão. Hoje em dia, sinto um torpor, uma falta de disposição horrível. Estou tentando vencer isso porque exercício físico é sempre bom. A gente libera endorfina, ótima para qualquer um.

Em uma situação como a minha, é árduo reverter o processo, já que o organismo se acostuma com as drogas, e a pessoa para pode entrar em um surto psicótico grave. Se tiver força de vontade e disposição a sofrer as consequências, deve parar devagar, diminuindo as doses, e mesmo assim, é dificílimo. As recaídas são recorrentes. Às vezes, tenho a impressão de que me perdi em meio a tantos medicamentos e construo crenças poderosas a meu respeito, como a de que devo me conformar em tomar essas pílulas, demoníacas e angelicais ao mesmo tempo, pelo resto de minha existência.

Há muito para pensar sobre esse assunto ainda. Não me sinto preparada para tentar algo radical em minha vida. A insegurança da simples possibilidade de perder o controle me engole como uma jiboia gigantesca, de onde só consigo visualizar trevas e imagens nubladas, distorcidas como as de espelhos de alguns parques de diversão. Lembrei-me do Pequeno Príncipe e o desenho da jiboia. Não há como dissociar, toda vez que falo no bicho eu me lembro do Pequeno Príncipe...

ÍCONES NACIONAIS E INTERNACIONAIS — VOCÊS SÃO DEMAIS!

Meus ícones bipolares

Como já disse antes, adoro cinema, música (principalmente rock e pop britânicos, mas gosto de música brasileira também, viu, camarada bi!), dança, teatro, literatura, artes plásticas, tudo me atrai como um verdadeiro imã. Não sei como pode haver gente que não gosta.

Quando assisti *Control*, filme britânico que conta a história do grupo *Joy Division*, eu me identifiquei com o nome do filme, pois ele representa o que é mais almejado pelo bipolar: controle. O personagem principal era Ian Curtis, epiléptico que se suicidou muito jovem. Quando ele estava no palco parecia tomado por uma coisa do além, assim em transe.

Era muito intenso e já vi vídeos reais de suas apresentações, em que ele passa para o espectador essa angústia e vigorosidade, é formidável! Era o maior ídolo e fonte inspiradora de Renato Russo e se você ouvir os dois, com certeza vai sentir a semelhança, o tom, o desespero, a introspecção e, principalmente, a magia angustiada e tenebrosa que a música de ambos conseguia refletir.

Eu não sei se ele era bipolar, vi na internet que sim, mas não sei se a informação é confiável, não faço ideia, o que sei era que ambos eram atormentados de uma forma que me remete ao suplício bipolar. Compulsão e falta de controle. Ian Curtis ficava "possuído" e quando se apresentava ficava exaurido e chegava a ter ataques epiléticos no palco. Fiquei estarrecida com a performance do vocalista. Tudo bem, o cara se suicidou e era desequilibrado, mas como era talentoso! Era um fenômeno!

Não, não penso em me suicidar, mas me conectei com ele naquele momento de entrega à loucura e o transe que hipnotizava a plateia e fazia o sangue ferver, arrepiava até a alma. Já me disseram que era bipolar também, porém não tenho confirmação disso. Fico mesmo um pouco louca quando ouço *Joy Division*, dá uma espécie de *frisson*.

Sempre senti um misto de admiração e atração por pessoas desequilibradas mentalmente, mas que conseguem ou conseguiram fazer algo diferente, fantástico, especial. Acho que já pressentia minha angústia e me interessava por pessoas assim para saber do que são capazes. É claro que não me comparo a elas, somente me identifico emocional e psicologicamente, ou nem sei bem explicar.

Foi assim também com Kurt Cobain (vocalista da banda *Nirvana*). Era um artista que se entregava à obra com todo o seu ser. Fiquei triste quando soube de seu suicídio, mas já era previsto. O *Nirvana* deixou marcas indeléveis em minha cabecinha bipolar. Dava a impressão que ele explodia toda sua angústia e revolta por meio de seus gritos afinadíssimos e que despertaram a inércia artística do rock.

Mais um bipolar que deixará sua marca inesquecível. Até dá medo a quantidade de bipolares que se suicidam. Fica-se sabendo mais dos famosos, mas e os que não o são e se suicidam também? Confesso que tenho medo de me suicidar, às vezes. Digo isso porque uma vez quase o fiz. Hoje em dia, estou bem medicada, contudo, o temor de ter uma depressão muito forte existe, fica sempre lá nos recônditos da mente.

A música é muito libertadora em todos os aspectos. Não interessa qual o tipo de música, faz bem, devo dizer que é uma injeção de endorfina no organismo. A música fala com você, faz você se sentir bem, às vezes faz chorar também, mas de qualquer forma é um bálsamo para o espírito e eu aconselho a todos, não só aos bipolares. Há um cantor, também suicida, para variar, de quem gosto muito. O nome é Elliott Smith e sua música é suave e triste, mas bastante crítica também. Era bipolar.

Eu fico pensando como alguém com tanto talento (reconhecido) pode se matar assim. É como cuspir na cara de Deus. As músicas dele são fascinantes. Se você assistiu *Gênio indomável*, com Matt Damon e Robbie Williams, já ouviu Elliott Smith. A trilha sonora é toda dele, concorreu até ao Oscar com *Miss Misery*. Se tiverem a oportunidade, ouçam. É muito bom.

Não sei explicar por que os "malditos" tanto me atraem. É assim com Rimbaud (poeta francês conhecido por fazer parte do grupo chamado "malditos") e foi assim com

Oscar Wilde na faculdade (dramaturgo conhecido por suas tiradas). Eu tinha verdadeira adoração por ele e por tudo que escreveu. Minha frase favorita é "posso resistir a tudo, menos a uma tentação". Isso diz tudo sobre ele.

Augusto dos Anjos (poeta brasileiro que apesar de ter escrito um só livro em toda a sua vida, marcou a literatura brasileira para sempre) me arrancava arrepios de prazer com aquele seu "escarra na boca que te beija" e foi sempre assim comigo. Tudo aquilo que choca, espanta, causa desconforto, e as pessoas acham incômodo e anormal é o que há de melhor para mim em termos artísticos.

Acho fácil falar de uma coisa bonita e transformá-la em poesia. Difícil mesmo é fazer o feio ficar bonito. Chico Buarque que o diga. É um compositor que consegue fazer letras lindas com palavras feias. Não sei até que ponto tudo isso tem a ver com meu distúrbio, mas sinto que tem. Eu não sei como explicar, as coisas não são fáceis para os bipolares, então tenho a tendência a gostar do que é mais difícil de gostar. Acho que talvez seja porque eu sou uma pessoa difícil de gostar, até para mim mesma. Encontrar beleza na feiura, poesia no lixo, liberdade no desespero, alegria nas trevas, festa no inferno... Será que sou "do mal"?

Engraçado como, de certa forma, certo tipo de arte causa verdadeira ojeriza em algumas pessoas e em mim não. O bonito que fica mais bonito, o amor que floresce, a alegria infinda... Isso é história da carochinha. Bonito mesmo é poder pegar um punhado de neuras, misturar com um caldeirão de decepções, mesclar quantidades absurdas de rejeição, salpicar incompreensão, sofrimento físico e emocional, adicionar críticas ácidas, cicatrizes horrendas, feridas abertas, inconformismo, desespero, inadequação e falta de solidariedade associada à frustração e conseguir uma receita saborosa de vida. Lanço um desafio a qualquer um que consiga isso. Traga-me a receita com as proporções exatas e lhe darei toda a riqueza de meu reino despedaçado! Como sei ser dramática, meus irmãos que o digam!

Por que adoro ser brasileira

Atendendo a insistentes pedidos do meu mais novo amigo bipolar, devo dizer que fui muito influenciada pela cultura internacional, visto que morei ao todo quase cinco anos no exterior, mas gosto muito de coisas brasileiras, adoro ser brasileira, tenho orgulho disso. Nós somos cheios de vigor e de bossa, temos personalidade, estilo e beleza. Em algum lugar deste livro eu escrevi "eu não moro mais em mim". Essa frase eu tirei de uma canção da Adriana Calcanhoto. É a minha cara! Eu não sou mais eu, eu não estou mais ali, se é que vocês me entendem.

Ela veio a Vitória e fui ao show. Ela é encantadora, mas eu evito ouvir seus discos porque me deixam triste. Sua voz passa uma tristeza tão profunda, é tão emocionante. Essa canção em particular eu acho lindíssima. Ela diz algo assim "eu perco a chave de casa, eu perco o freio, estou em milhares de cacos eu estou ao meio..." cara, é muito forte!

Outra que não posso ouvir, não todas as canções, é claro, é Elis Regina. Eu fui ao último show no Canecão e ela chorou no palco, e eu também. Ficou marcado em minha memória de forma indelével – logo depois ela morreu. Fiquei desconsolada. Quando ouço *Atrás da Porta*, fico arrepiada, é lindo demais! Choro demais, aliás, adooooro chorar, sou uma chorona contumaz!

Espera aí, Caetano, eu também amo você. Achei o máximo aquela canção que você cantou no filme de Almodóvar, *Hable con Ella*. Fico orgulhosa de como os gringos reconhecem seu talento, que, como o de John Lennon, transcende barreiras culturais e linguísticas. Aquela cena é inesquecível. Eu cantava Leãozinho na Europa pra sobreviver. É, fui cantora, de boate e de rua (tinha que me virar). Assassinei Leãozinho diversas vezes, assim como Lua e Estrela – me perdoe, Caetano, mas eu precisava ganhar a vida.

Até hoje canto Leãozinho para o meu filho caçula (toco violão muitíssimo mal e com a porta fechada, mas toco para o meu filho) e ele adora quando troco a palavra Leãozinho por Felipinho no final. Ele me dá o sorriso mais lindo do universo, então, eu acho que devo o sorriso mais lindo do universo ao Caetano. Valeu Caê. Você consegue tirar o sorriso mais lindo do meu filho. Ah, e me conta um dia a história da canção *Rapte-me Camaleoa*, já ouvi tantas versões... E quem era Peter Gast, um discípulo de Nietzsche? Quero saber quem foi esse cara e o que fez para merecer que você fizesse uma canção para ele. O que devo fazer pra você escrever uma canção só pra mim??? Diga logo que eu vou logo colocar em prática – sou capaz de tudo (ou quase).

Aguardo sua resposta. Adoro aquela parte que você canta "sou um homem comum, qualquer um, enganado entre a dor e o prazer... hei de viver e morrer como um homem comum...", depois você diz "ninguém é comum e eu sou ninguém...". Cara, você é um poeta e tanto! Eu também sou uma mulher comum, mas você, Caetano, sei não, você pode estar enganado entre a dor e o prazer, mas comum você definitivamente não é, principalmente porque quando você diz que ninguém é comum, eu me sinto especial, porque posso curtir as coisas que você canta e me emocionar com elas.

Nós temos algo em comum e isso faz de mim alguém automaticamente especial. Você é um ícone. Um talento ambulante. Tenho um quadro seu, enorme, na minha casa, nas escadas. Eu o vejo todo dia. Só pra registrar.

Salva da inanição pela bossa nova

O.k., amigo bipolar, digo mais. A bossa nova me salvou da fome. É isso mesmo. A única coisa que os belgas queriam ouvir era bossa nova. Outra coisa nossa que transcende as barreiras mundiais. Por coincidência, era a única coisa que eu sabia cantar. Sorte. Aqui vai meu repertório: *O barquinho* (eles deliram), *Garota de Ipanema* e todas que a Nara Leão cantava. Eles se amarravam também em Maria Betânia – sou louca por ela, acho que é tão despretensiosa com aquele vozeirão maravilhoso. Olha, galera, vocês todos foram meu ganha-pão. Apropriei-me de suas belas canções e lá fui eu com o pé na estrada. Ainda não havia para mim Marisa Monte (plagiei o Caê, na canção *Sampa*, sacaram?), que tem uma voz tão... nem sei como descrever, é mágica pura!

Viu camarada, como curto nossas coisas de montão? Curto um violão, mesmo as canções mais manjadas, quanto mais manjadas melhor, adoro uma rodinha de violão, uma "batidinha" de frutas, tipo maracujá (pena que não posso tomar), adoro nossos escritores! Fala sério! Ou estudei Letras à toa? Eu adoro as novelas baseadas nos livros de José de Alencar, são tão românticas! (Não contem pra ninguém, mas sou megarromântica. Me faço de durona, mas adoro um romance "água com açúcar" pra variar). Meu marido tem horror dos filmes baseados na obra de Jane Austen. *Come on, baby*, são lindos, líricos, românticos!!

Como o Djavan me tirou da sarjeta

Eu não posso esquecer do Djavan, outro que me tirou da sarjeta. Tem até uma história engraçada. Eu estava com um amigo austríaco, ele sim tocava bem, estávamos em Albufeira, no sul de Portugal, e cantávamos na praça para ganhar o jantar. Um cara se aproximou e perguntou se eu cantava alguma coisa do Djavan. Eu disse que sim. Cantei umas três, e olha que cantar Djavan sem desafinar é difícil! O fulano era angolano, gostou tanto que nos deu 100 dólares! É isso mesmo que vocês leram, 100 dólares. Isso quer dizer que devo 100 pratas para o Djavan? Bom, Djavan, se você ler este livro é porque ele fez sucesso, daí talvez eu tenha algum dinheiro. Torramos tudo num belo jantar, andávamos esfomeados, só comíamos sanduíches para economizar!

Não acho que tenha gosto duvidoso ou doentio para nada. Na verdade, sou bastante eclética no que se refere à arte de maneira geral. Comédia, drama, ficção, abstração, tudo me interessa, tudo pode ser bom. Tudo pode ser ruim também. Como já mencionei antes, adoro minha liberdade de poder escolher o que quero, o que acho interessante, o que gosto ou não. Não suporto nada que me prenda ou obrigue a fazer o que não quero. Fico imediatamente mal-humorada e péssima companhia. Sinto muito, não consigo ser de outra forma.

Camaradas bipolares, vocês também são assim? Pergunto se é uma característica pessoal ou se pode estar ligada ao TAB, porque piorou muito depois dos 30 e daí, já viu, né? Simplesmente, não suporto ser obrigada a fazer o que não quero, a ir onde não quero e a "fazer sala", a coisa mais chata do mundo.

Um dia de cada vez
ou deixe para se suicidar amanhã

Sempre gostei muito da maneira como os Alcoólicos Anônimos lidam com o problema do alcoolismo. A ideia de vencer um dia de cada vez é sem dúvida eficaz, visto que qualquer problema que envolva dependência química ou mesmo problemas que não podem ser resolvidos a curto prazo, devem ser tratados passo a passo para que a pessoa adquira segurança. Se um alcoólatra estabelece um prazo de um mês sem beber como tentativa de se livrar do vício, vai com certeza se frustrar porque o prazo é longo demais e as chances de recaída, maiores. No entanto, um dia após o outro é mais coerente e passível de produzir um efeito positivo, pois o espaço de tempo curto dá tempo para que ele respire e consiga alcançar sua meta, adquira coragem e diga: "Mais um dia sem beber".

Além da citada filosofia, eles repetem uma oração que acho interessante, não sei exatamente as palavras e nem sei de cor, mas a parte que gosto é quando pedem força para mudar o que podem mudar, aceitar o que não podem e a sabedoria para saber a diferença. Isso é uma das coisas mais difíceis para um ser humano que tem como inconformismo a base de sua própria essência.

Um dia por vez para não enlouquecer? Um dia para não se deixar levar pelos instintos bipolares? O que posso dizer com certeza é que não aconselho ninguém a ficar um dia sem os benditos barbitúricos que controlam o TAB, não tentem isso! Tentar o autocontrole, a calma, o equilíbrio (que palavra linda e tão intangível para um bipolar), por um dia e tentar ir esticando esse dia para mais unzinho e por aí vai, talvez surta efeito. Nunca tentei para ser franca.

Pensei nisso quando assisti *O casamento de Rachel*, com Anne Hathaway, cuja performance está impecável no papel de viciada em drogas. Ela não conseguiu se comportar nem um diazinho no filme. Nem no dia do casamento da irmã, em que ela consegue ser liberada da clínica de reabilitação em que está internada para ir ao casamento. O filme é triste. Bem, a vida é dura (pra quem é mole, como diria minha mãe, que é uma figura).

Talvez essa coisa passo a passo seja uma boa estratégia para um bipolar, sim. Como já disse, culpo médicos e pesquisadores por não terem essas ideias. Qualquer ideia. Qual é o problema de vocês que não conseguem resolver o nosso? Tentam pelo menos? Será que tenho de fazer tudo sozinha? Aí está outro ponto do transtorno bipolar: a solidão. Sinto-me só e incompreendida, e não sei o que fazer a respeito. Abaixo a cabeça e penso que não vai adiantar explicar porque a pessoa não vai entender mesmo, deixa pra lá.

Estou sempre assumindo a culpa de tudo, já virou um hábito daqueles que a pessoa não consegue mais se livrar. A culpa é minha mesmo, sou desequilibrada, maluca, descompensada, não sei administrar minha vida e por aí vai. Colocar todos os sentimentos na correta perspectiva é muito angustiante. Não sei quando tenho razão e quando a culpa é minha. A tendência é bipolar também: ou eu grito, esperneio e fico indignada ou assumo culpa total e fico deprimida, que tal? Não sei mais discernir.

Ultimamente está cada vez pior porque eu sempre assino embaixo, eu sempre sou a culpada, os outros estão cobertos de razão, é assim. Eu fiquei assim porque cansei de lutar e me entreguei, de certa forma – me entreguei nada, sempre guardo uma cartinha debaixo da manga. Prefiro ter o mínimo de contato social com as pessoas para não ter muito que enfrentar.

Minha casa é minha fortaleza, fico aqui no meu quartinho, em cima da garagem, como a Rapunzel só que sem esperança alguma de um cavaleiro galante me tirar das profundezas da introspecção e da tristeza de ser o que não gosto de ser; a decepção de não poder ser a mãe que sonhei para os meus filhos; o medo das pessoas me julgarem e desprezarem; de não ter o controle necessário para trabalhar fora daqui; a insegurança de ser confundida com um ET e a amarga sensação de que estou sendo punida sem nem sequer saber por quê.

Ah, para não ficar muito melodramático, tenho muito trabalho quando pego um livro de 300 páginas para traduzir. Eu gosto muito de traduzir, é fantástico, pena que seja tão mal-remunerado. Nada é perfeito, fazer o que se gosta e ganhar uma fortuna... ai ai ai...

A ideia de viver um dia por vez é benéfica, pois é difícil para qualquer pessoa traçar planos a prazos a perder de vista. As metas a longo prazo são mais penosas porque de certa forma ficam intangíveis. Mesmo as de longo prazo são desmembradas para ficarem passíveis de realização.

Adotei a nova medida inspirada no AA e está dando certo. Estou menos agitada, mais serena e quando fico assim brinco mais com meus meninos, leio mais, durmo mais. É melhor, funciona. Tipo: "Hoje vou me dedicar a isso". E pronto. Ou mesmo decidir não fazer nada, o que é louvável, mas difícil, por incrível que pareça.

Meu amigo sempre diz que o ócio é fácil para ele. Ai, queria ser assim! Adora essa falta de ocupação. Ele trabalha muito, então deve ser fantástico não fazer nada, mas a teoria dele é mais interessante. Ele diz que viver no ócio é delicioso e mesmo que não trabalhasse conseguiria administrar isso. Acho engraçado, porque sou avessa à ideia de ficar sem fazer nada por tanto tempo. Ele diz que assistir televisão, ler, dormir, ouvir música preencheriam seu tempo totalmente. Legal isso, mas eu tenho a tendência de querer me ocupar o tempo todo. Tenho repensado isso ultimamente... não adianta, gosto de ficar ocupada.

Crescimento e o efeito borboleta

Devo dizer que todas as experiências levam a algum tipo de modificação, pode ser boa ou ruim, mas não há como passar incólume pela tal da experiência. Há alguns tipos que não recomendo, porém há aquelas inevitáveis, estão além do poder de controle sobre nossas vidas. A coisa vem e boom! Salve-se quem puder!

Há situações pelas quais passei em que eu tento fazer mentalmente um "efeito borboleta", voltar lá mentalmente e tentar fazer diferente. Sempre dá errado, porque o efeito borboleta tem como característica não dar certo, simplesmente porque não dá pra desfazer o que você já fez. Tem aquele filme com o ultragato, Ashton Kuschter (Demi Moore se deu bem, mas ele também, porque ela é a maior gata). O tempo leva isso aí tudo, não dá, conforme-se e pronto.

Não podemos esquecer que em se falando de borboleta ainda temos a teoria do caos. Prega que um rufar das asas de uma lá no Japão pode causar um maremoto aqui no Brasil. Bem, é uma teoria da Economia e da Administração, mas se aplica metaforicamente muito bem ao caso. O que quero dizer é que um pensamentozinho errado, na hora errada, pode causar um verdadeiro caos na sua vida e repercutir em alguma atitude que vai prejudicá-lo lá na frente. Conselho: cuidado com as borboletas!

O sentido deste capítulo é dizer que não há nada como vivenciar algo para saber como é e não há como desprezar a experiência. Com ela vem uma coisa chamada crescimento, que só se consegue sofrendo – nem que seja um pouquinho. Se você não obtiver nenhum é porque está fazendo algo muito errado. Olho para trás e vejo tanta besteira que fiz que até me amedronta. Não faria de novo. Não farei. Aquela Claudia é outra pessoa, diferente desta que vos escreve daqui a algum tempo. Ainda bem, pois é bom e é ruim, mas sofrer sem ficar amargo é positivo. Sofrer e esticar o sofrimento para além do necessário, bom, aí já é masoquismo ou burrice mesmo.

Para ser totalmente franca, já estou cansada de qualquer processo de crescimento, quero mais tranquilidade e despreocupação com tudo. Quero mesmo é jogar tudo para o alto e viver sem me preocupar com perfeição e nem certo ou errado. Cobro-me sempre, e muito, e tenho sempre expectativas muito altas para mim mesma. Para que serve tudo isso mesmo? Quando começamos a esquecer o motivo, estamos no caminho certo, porque ele não existe. São objetivos que criamos para nós mesmos que nos assombram e tiram o sono. Devemos fazer isso ou aquilo; temos que ser bem-sucedidos; não podemos falhar. Ai, é coisa demais, cobranças exageradas – no final, o que interessa é como você se sente. As outras pessoas não significam nada pra você, conforme-se e faça apenas o que tiver vontade.

Buscando novos horizontes – fugindo da raia

Confesso que hoje em dia me interesso mais por coisas que antes nem passavam pela minha cabeça. A própria ideia de escrever um livro comprova isso. Quero aprender algo ligado à arte, acho que ela libera o indivíduo de uma série de problemas que o ser humano carrega simplesmente pelo fato de ser "gente". Estamos sujeitos a tanto estresse, injustiça, violência e mil outras coisas negativas que a arte é uma maneira produtiva de liberar a sua parte boa ou má, que culmina em bons resultados porque afinal foi liberada.

Para se escrever um livro é preciso mais do que uma história para contar. É necessário talento. Espero que eu tenha. Um pouco de capacidade me cairia muito bem. Resolvi encarar o desafio do livro. Como posso saber se não tentar? É um projeto que estou postergando há anos. Quero também fazer algo com as mãos; nunca tentei, portanto, não sei do que sou capaz. Sei que sou capaz de cantar e vou cantar. Estou conseguindo lançar um olhar para o que já passou e para o que pode vir, que nunca consegui antes.

Cobrava-me demais. Meu maior problema deve ter sido sempre esse. Melhor agora a jamais. Cobrava demais dos outros também, mas agora não cobro nada, é tão bom o sentimento de libertação! Uma amiga que fura muito comigo me agradeceu outro dia pelo fato de eu nunca reclamar e nunca cobrar nada dela e por sempre atender o telefone feliz por saber que era ela. Foi bom ouvir isso. Eu quero mesmo é que meus amigos saibam que eu não cobro nada deles. Não sou muito de procurar e telefonar, mas acho que eles sabem que estou ali, presente e que podem contar comigo.

Meus irmãos dizem isso e é reconfortante. Não os procuro com a frequência que deveria (lá vou eu me cobrar novamente); todavia, eles sabem onde me encontrar e sabem também que têm um ombro amigo para chorar, assim como beijos e abraços reconfortantes, sou muito carinhosa e eles sabem. A recíproca é verdadeira, sei que posso contar com todos os irmãos a qualquer hora.

Creio então que consegui algumas almejadas mudanças. Importantes, esperadas e finalmente alcançadas. Podem parecer pequenas, mas são significativas e, como já disse antes, esta coisa do passo a passo, do um dia por vez, é benéfica! Conseguir pequenas vitórias a cada dia é importante para o bipolar, ajuda a controlar sua natural ansiedade. Ansiedade para quê? Não consigo entender essa ansiedade. Ela engole gente. É um estado de desespero mental que nos desnorteia, causada por quase tudo e até pelo próprio nada. Incrível, não?

O nada é capaz de criar algo. Bem, não é bem o nada, mas a ausência de "algo", se é que me faço entender. Uma das metas é minimizar a preocupação. Buscar coisas que façam ficar zen; aliás, é uma palavrinha que adoro, morro de inveja das pessoas chamadas assim, porque normalmente são calmas e despreocupadas. Ainda chego lá.

O que tento fazer e acho que dá certo pra vocês, porque pra mim... Como já disse, faça o que digo e não o que eu faço! Afinal, este é um livro de dicas do que não fazer

O que vou dizer agora é muito difícil, mais do que se possa pensar. Ignorem as pessoas solenemente. Não sei se estou certa ou errada, mas é comum as pessoas se preocuparem ou se intimidarem com a opinião de terceiros. Um bipolar tem que aprender a não dar nenhuma importância ou sofrerá muito e não compensa, falo por experiência. Demorei anos, mas consegui e dá certo. Sei que podem achar que é fuga. Eu chamo de sobrevivência social e também psicológica.

Outra coisa, faça exercícios (sou a maior sedentária que conheço, mas como já disse, faça o que digo e não o que faço). Qualquer atividade física ajuda você a se libertar dos ansiolíticos. Eu já fui bastante esportiva, mas confesso que hoje em dia o máximo que faço é bater com os dedinhos na tecla do computador, sentada, é lógico.

Boa alimentação. O que se come tem efeito no nosso organismo e quanto melhor a pessoa se alimenta, maior é probabilidade de harmonia física, que por sua vez influi na psicológica. Não tenho muito apetite, no entanto, alimentar-se bem só pode trazer boas consequências. O organismo funciona como um todo, entra em harmonia, traz consigo muitos benefícios tanto físicos como mentais – devo ter lido isso na *Seleções*, meu marido coleciona, pode? Ou algo assim, ignorem.

Esta agora é para rir. Se estiver muito estressado, quebre uns copos, mesmo de geleia, vá lá. É uma técnica de alívio para o nervosismo e a agitação. Não estou brincando, a técnica existe mesmo, só que é para quebrar cristais, já quebrei uns, mas dá uma pena (isso eu não faço!).

Toque um instrumento. Eu gosto de violão. Bem, admito, toco muito mal, no entanto dá prazer e acalma. Não é importante como você faz, o importante é fazer – de preferência, na sua casa e com a porta bem fechada, porque ninguém merece.

Beba muita água e tome um complexo vitamínico bom para ficar bem nutrido, pois muitos médicos atribuem distúrbios advindos da má alimentação e muitos psiquiatras defendem a ideia de que o Transtorno Bipolar pode ser alterado pela alimentação, para melhor ou para pior, é claro (bem, eu tomo um complexo vitamínico, comendo do jeito que como, se não tomasse, já estaria morta). De fato, já passei dois dias inteiros sem me alimentar. É sabido que pessoas que se encontram sob estresse ou depressão podem manifestar distúrbios alimentares, umas comem demais e outras, como é o meu caso, não conseguem se alimentar – obrigada, Senhor, porque o meu caso é o segundo, já pensaram se ainda por cima eu fosse uma baleia?

Faça uma lista de bons pensamentos, metas, projetos e só diga e escreva coisas positivas sobre si mesmo. Não se deprecie e também não tenha autopiedade. As pessoas acham chato e você não ganha absolutamente nada se fazendo de coitadinho. Você não é um pobrezinho digno de pena. É uma pessoa que tem problemas como todo mundo. Só você pode fazer a diferença, ninguém mais pode fazer isso por você – é fácil falar. Não consegui escrever uma só linha na minha lista de coisas positivas.

Enfrente o problema com a cara e coragem, não fuja e não se engane. Eu sobrevivo da negação dos problemas, então...

Não se deixe subestimar nem aborrecer. Ninguém tem tal poder – já dizia Paul MacCartney. Você é o dono de suas atitudes, só que Paul não é bipolar. (Aliás, nunca vi um cara mais centrado, porque se aquela mulher com quem ele se casou pela segunda vez aprontasse comigo o que fez com ele, eu a teria esganado e estaria na cadeia hoje. Paul, você toma calmantes?)

Você se sente culpado e deixa pessoas que não têm nada com você, ou mesmo que tenham, prejudicá-lo? Minha irmã mais velha sempre diz isso, a pessoa se deixa abater, se deixa pisar. O "outro" não pode fazer nada se você não permitir. Lembre-se: o dono da sua vida é você – que utopia linda, não? Minha irmã é chegada em PNL, essas coisas, sabe? Boa intenção eu garanto que ela tem – é uma pessoa fantástica – e pra cima!

Parece piegas o que eu disse, mas os clichês possuem força – senão não teriam se transformado em clichês, pode acreditar. Eles não existem por acaso e poderia até classificá-los como um tipo de "sabedoria popular" e não estaria pecando em fazê-lo.

NÃO ESPERE COMPREENSÃO: VOCÊ PRATICAMENTE NUNCA A TERÁ

Incompreensão compreendida

Não se iluda. Um bipolar sempre será um incompreendido. Nós, bipolares, temos que compreender a incompreensão dos outros. Eles não sabem que temos problemas e são, por vezes, agressivos e intolerantes. O bipolar terá de aprender a lidar com a incompreensão, por bem ou por mal. Sei como é difícil "deixar para lá", no entanto, temos de desenvolver a habilidade de deixar por menos o que nos acontece, senão não teremos condições de sobreviver. Todos anseiam por compreensão na vida. Esqueça, camarada bipolar, você nunca a terá, com pouquíssimas exceções, talvez de seus pais, por exemplo.

Consigo entender a incompreensão do mundo quando me coloco no lugar das outras pessoas. Eu posso ser a-bomi-ná-vel quando quero. O ruim é quando as pessoas começam a atribuir tudo o que o bipolar diz e faz ao distúrbio. É extremamente desgastante tentar argumentar sobre algo se a pessoa fica o tempo inteiro "jogando na cara" que você é um desequilibrado mental. Todo mundo tem desequilíbrio mental de vez em quando, só que o bipolar tem com mais frequência e isso é perfeitamente controlável.

É claro que cada caso é único porque cada pessoa é única. As nuances de um ser humano são infinitas. O homem pode ter mil facetas, detalhes, minúcias, tanto que ninguém chegará a conhecer outra pessoa em sua totalidade. Já que você, bipolar, não consegue a misericórdia de ninguém, aprenda a lidar com a falta dela.

Aprenda a se defender, a não se expor, a se observar mais, a criar mecanismos dentro de você que consigam ligar ou desligar o seu autocontrole. O primeiro passo é aceitar e gostar de você, não importa o "defeito de fabricação" que tenha (ai, como as palavras são bonitas... adooooro palavras). Autocomiseração não o levará a lugar nenhum. Eu hoje mesmo exerci um poder de autocontrole impressionante. A minha vontade era de dar uns tapas na mulher, mas comecei a respirar e pensar "Isso tudo é insignificante, não tem valor, não é importante" e a raiva se esvaiu e as tais "bolinhas" pararam de borbulhar pelo meu corpo.

Ninguém está nem aí para o seu problema. Encare a verdade e siga em frente. São poucas as pessoas com as quais se pode contar quando o assunto é doença, problema e dinheiro. É apenas natural, não é exclusivo do bipolar nem de ninguém em especial, é um problema da raça humana. Sei que isso soa pessimista, no entanto, tudo para o bipolar é em dobro. Ele sente em dobro e leva pancadas em dobro devido à sua condição. É um sofrimento para o resto da vida e um medo de perder o controle; persegue-o como um fantasma sem rosto e pode ceifar-lhe a sanidade a qualquer momento.

Este pavor constante é por vezes tão angustiante que a gente quer desaparecer. Eu mesma já mudei de cidade. Fugi na esperança de começar de novo em um lugar em que não houvesse qualquer fantasma a me perseguir. Doce ilusão. Onde quer que se vá carrega-se o fardo da bendita bipolaridade, não adianta correr. O pior de tudo é que os bipolares costumam ser contagiantes, engraçados, divertidos e espirituosos, exatamente porque sobem muito na escala da euforia. Chegam a ser inconvenientes, mas podem ao mesmo tempo ser aliciantes.

O casamento e o bipolar

Para começar, se casamento fosse fácil não haveria tantas pessoas se separando. O parceiro do bipolar tem que ser acima da média quanto à paciência, à capacidade de perdoar e à determinação de conservar o relacionamento. A tendência do parceiro é usar o distúrbio contra o bipolar, confundindo-o e fazendo com que sua autoestima fique baixa. Afinal, o "desequilibrado" é o bipolar, então, será sempre o responsável (na maior parte das vezes é mesmo). Para o bipolar é um sofrimento indescritível fazer a pessoa que ama padecer. Ele não consegue se controlar, fala o que não deve, ofende, briga, grita, dá chilique, vira a mesa, fica deprimido, chora, pede perdão, promete que não repetirá mais e faz tudo de novo. Parece impossível o relacionamento. Tudo é possível, podem acreditar.

Confesso que perdoar a mim mesma é mais difícil que perdoar os outros. Fico me cobrando, remoendo, é muito doloroso. Comecei a não dar muita bola para as coisas e pessoas por causa disso. Não adianta, por mais que se queira agradar, é impossível. É fundamental você tomar os remédios e cuidar-se da melhor maneira possível, porque disso depende a sua capacidade de avaliar a situação sem ser injustiçado devido ao TAB.

Todas as pessoas têm problemas. A diferença está nas medidas que tomam para resolvê-los, de ordem psicológica, física, financeira, ou o que vier. O bipolar tem que desenvolver estratégias para se proteger contra a hostilidade das pessoas e do mundo. O mundo não é hostil apenas com os bipolares, só que, para eles, lidar com isso pode acabar em anulação do próprio "eu" devido à tendência de assumir sempre a culpa pelos acontecimentos.

Conseguir um diagnóstico de bipolaridade e tratá-la pode salvar um casamento. Muitas pessoas não sabem que sofrem do problema e realmente fica difícil conviver. Inviabiliza o relacionamento a dois que por si só já apresenta dificuldades peculiares. O interesse e o apoio do outro são fundamentais. Tive muitos problemas de relacionamento porque caía nas armadilhas de TAB. Acho que não me dava conta da gravidade do problema.

Muitos parceiros de pacientes de TAB se aproveitam do distúrbio para minar a autoconfiança do bipolar. Outros já usam o transtorno como forma de opressão. O relacionamento pode se tornar neurótico e doentio. O bipolar pode entrar em crises crônicas de depressão. Não vou dizer que não tive sorte nesse aspecto, pelo contrário, e, mesmo assim, houve uma época que eu tinha crises depressivas tão profundas que quis até morrer. Minha mãe ficou muito preocupada porque eu falava o tempo todo em morrer e só melhorou quando eu finalmente consegui me livrar da dependência emocional da qual sofria. Não vou culpar ninguém porque, afinal de contas, a gente é de fato responsável pelos nossos atos. No entanto, com a autoestima baixa é mais difícil a gente se recuperar. E o bipolar está sempre em desvantagem. Emagreci muito e durante todo o tempo eu assumia a culpa por tudo, até por respirar. Tentei me rebelar várias vezes, mas não consegui.

É comum o bipolar desenvolver dependência emocional das pessoas, já que tende a assumir a culpa por tudo que ocorre. É frequente porque o portador de TAB sabe que tem algo que não é "normal". O mais importante é manter a noção de limites. Até onde vai a doença? Até onde a culpa está no comportamento do outro? O bipolar não é um louco desvairado. Se estiver medicado ele é completamente confiável e suas atitudes são normais. Como qualquer pessoa, pode sofrer alterações a que um indivíduo está sujeito sendo ou não portador de distúrbios de humor.

É de suma importância que o bipolar preste atenção e analise as situações, já que sua tendência é achar que é sempre responsável por tudo que ocorre. Isso não é verdade. Confesso que é difícil para o bipolar enxergar a situação com frieza, porém, tem de esforçar-se para não ser injustiçado, senão, invariavelmente, levará a culpa por tudo. É uma questão séria porque envolve autopreservação, confiança em si mesmo e amor próprio.

Por muitos anos me senti incompreendida, oprimida e desajustada. Meu marido é calmo, controlado, e eu era sempre a descontrolada, impulsiva, louca, nervosa e tudo mais. Eu parecia estar sempre pedindo desculpas por existir. Eu sempre enxergava os problemas sob um ponto de vista bipolar. Eu sempre pisava na bola; enfim, a culpa de tudo era sempre minha.

Infelizmente, ainda tomava outro tipo de moderador de humor. A mudança para o Carbolitium fez diferença. Parece que saiu um peso imenso de cima de mim. Eu me sentia inadequada. Afinal, era um fracasso em todas as áreas, tanto social, profissional e afetiva. Enfim, um verdadeiro desastre. Descobri que não sou nada disso. Sou boa mãe, meus filhos são carinhosos, estudiosos e amigos. Tenho um excelente relacionamento com minha família, principalmente com minha mãe, que sempre me colocou para cima. Estou recuperando minha autoestima apesar de eu tê-la esmagado durante anos.

Para ser franca, não dou a mínima para a opinião alheia porque ninguém sabe pelo que passei, portanto não há ninguém apto para avaliar minhas atitudes. Só a gente sabe o quanto é difícil para um bipolar manter a serenidade. O conselho que tenho para dar a quem sofre de TAB é não se deixar manipular, ficar de olho nas situações para que o parceiro não use seu distúrbio contra você. Precisa-se de muita coragem e força interior para manter um casamento. A cobrança que eu mesma exercia sobre mim para ter êxito profissional e me "bancar" sozinha foi enorme.

Acho que não me dava conta da gravidade da doença. Eu estava sempre nervosa. Fiquei alguns anos desempregada e daí minha vida se transformou em um verdadeiro inferno. O bipolar necessita de mais tranquilidade do que os outros porque sofre justamente da ansiedade e da cobrança que ele mesmo se impôs. Não vou negar, é difícil conviver com bipolares, mas acho que eu idealizei muito a relação. Imaginava alguém que me protegesse e fosse um porto seguro. Isso não existe, é conto de fadas.

Cada pessoa tem suas próprias necessidades e você que resolva seus problemas psicológicos sozinha e ainda dê conta de ser uma profissional bem-sucedida, boa mãe, boa dona de casa, enfim, tudo que esperam de uma mulher na nossa sociedade. A única diferença é que a mulher bipolar não é como as outras. É difícil dizer o que houve exatamente, mas uma coisa eu afirmo com certeza. O bipolar tem que se sentir amparado, protegido pelo parceiro. Se for muito solicitado a realizar coisas, ele acaba tendo um surto e enfia os pés pelas mãos.

Atualmente, ando muito reclusa. Estou tentando me organizar em todos os sentidos, pensando em como recomeçar e fazer as coisas que eu gosto. Vamos ver como vou ficar.

Família de marido de bipolar (essa coisa de "a gente casa com eles também" é tudo mentira, divorcie-se da família, não do marido ou da mulher!)

Esse papo de que a gente casa com a família do marido também é verdade, se você deixar. Eu torço a verdade. Não há como dissociar e as diferenças são muito grandes. A dificuldade para um bipolar é conseguir um equilíbrio com a família do parceiro, porque eles não têm interesse em ajudar, sinto muito, mas é a cruel verdade.

Sua "segunda família" quer que você se adapte a eles, siga as regras estabelecidas e os seus sentimentos estarão em segundo plano. O que interessa para eles é manter o *status quo* da família e que você não ouse atrapalhar. Não fique triste, é assim com todo mundo, porém, estamos falando de bipolares. O bipolar é diferente? Sim, com certeza. É mais sensível, inseguro e tem histórico para ser assim. O importante é não se deixar esmagar e estabelecer limites definidos até onde a família do parceiro pode chegar (até parece que sei fazer isso).

Sei que é difícil essa imposição de limites, mas o bipolar tem que se defender e nunca baixar a guarda para os outros não terem a oportunidade de espezinhá-lo. É assim feito um campo de batalha. De um lado, pessoas querendo encontrar brechas para esmagá-lo; de outro, o bipolar, com seu radar funcionando a pleno vapor para não deixar o território ser invadido.

Lidar com família do parceiro não é fácil, imaginem para um bipolar. Desconfie sempre, não esqueça que está andando em campo minado. Quanto menos você falar, melhor. Não forneça munição gratuita – viram o filme *Parente é serpente*? Não deixe que ninguém se meta na sua relação, divorcie-se sim – mas da família dele, ou dela.

Como já disse, eu compreendo a incompreensão alheia. Não sou *cheesecake*, não, mas sou uma boa pessoa, pelo menos gosto de acreditar nisso. Hoje em dia, infelizmente, não tenho mais condições psicológicas para tolerar nenhum tipo de crítica e não estou mais a fim de me violentar emocionalmente para satisfazer os outros. Cansa muito. E não dá nenhum retorno, mas gera dividendos.

Considerações finais sobre o TAB
— nem comecei ainda, estava só esquentando nas primeiras 200 páginas

Não quero escrever um tratado sobre o distúrbio. Creio que passei o que desejava por meio de relatos, experiências e pesquisas. Cresci muito escrevendo este livro. Não pensei que fosse tão árdua a tarefa de escrever de forma coerente para ser de fato compreendida (se é que atingi meus objetivos). Depois que terminei, aconteceu algo incrível. Eu pude ver com clareza as coisas e despertei para outras que jamais havia pensado. Escrever nos proporciona a oportunidade de enxergar com uma clareza que só quem escreveu um livro experimenta. É ao mesmo tempo doloroso e compensador. Pego meu computador e de repente eu não moro mais em mim — foi aqui, Adriana Calcanhoto.

Escrevo o que me vem à cabeça freneticamente. Depois que leio, parece que não fui eu quem escreveu, deixo fluir as informações do meu inconsciente e acabo revelando a mim mesmas coisas que eu me negava a ver ou que fingia desconhecer para não sofrer. Ao escrever, há que se ter coragem para enfrentar o que vier em um tipo de livro como o meu, autobiográfico. Vi a crueldade da minha realidade, mas também a riqueza que possuo. A análise que se consegue é inigualável.

O melhor, no entanto, é o sentimento de libertação que o livro me proporcionou, porque, depois dele, não há volta. A liberdade e autonomia se instalaram em mim. Sinto-me segura e calma como há muito não me sentia — que mentira deslavada. Só pelo fato de ter despertado essas mudanças em mim já valeu. Espero que as pessoas que venham a ler este livro possam lançar um olhar em suas próprias vidas e, se forem bipolares ou conviverem com algum, que desenvolvam um sentimento que eu jamais classificaria como pena, porque bipolares não são dignos disso. Merecem compreensão, amor, paciência e, principalmente, tranquilidade. O bipolar sofre em ambientes turbulentos, onde não há paz apenas cobrança.

Sou formada em Letras, fiz pós e mestrado na área, mas nunca imaginei ter um potencial de escritora. As palavras vão surgindo em turbilhão, nem tenho que me esforçar para encontrá-las, chegam a mim com tanta facilidade que até me assusto. Quem sabe não tenha descoberto minha vocação? Ou será que só escrevi um monte de besteiras sem nexo que não servem para nada? Espero que quem entende disso me diga que não escrevi um monte de asneiras sem sentido. Cruzes!

Sei ensinar, traduzir, interpretar em outras línguas, mas nunca havia pensado em escrever. Línguas, palavras e livros são meu universo. Não deveria causar espanto, mas causa. Bem, tenho certeza de que vou me acostumar. Fez muito bem escrever o livro, pesquisar, mergulhar no assunto e tentar expor sentimentos e meu ponto de vista. Sinto orgulho de mim mesma por ter conseguido levar a cabo o projeto – eu nunca sinto muito orgulho de mim mesma, só quando coloco um biquíni – sou um fiapo, não tenho celulite e nem estria, pasmem.

A gente sente um pouco de medo, mesclado com insegurança e estranhamento quando lê as linhas escritas pela gente mesma. Já fiz mestrado e escrevi uma dissertação de duzentas e tantas páginas, mas não se compara. Em uma dissertação, você não opina sobre absolutamente nada. Tudo que se escreve tem que ser segundo fulano, de acordo com beltrano, não há liberdade alguma.

    Neste livro, tive livre arbítrio para falar sobre sentimentos, frustrações, contar casos, descrever situações de acordo comigo mesma. Só procurei ser técnica quando descrevia sintomas e opiniões de médicos, psiquiatras, psicólogos, enfim, sobre a literatura a respeito do assunto. Tomei cuidado especial porque sou apenas portadora do Transtorno Bipolar e não médica nem psicóloga para afirmar com certeza o que é melhor, os tratamentos mais indicados, etc. Só um psiquiatra pode dizer isso e assim mesmo, confesso, cuidado com o que dizem, pois o assunto é delicado (e eu, muito gozadora, eu sei).

    Ser bipolar não é o fim do mundo, o que realmente incomoda é a falta de controle. O bipolar tem muito a perder se não controlar as situações em sua vida. Causei muitos estragos na minha e, provavelmente, foi o que me motivou a escrever um livro sobre o assunto. Talvez inconscientemente eu alerte tanto bipolares quanto pais, irmão, amigos, parceiros, todos enfim, para o fato de o bipolar poder destruir a própria vida em todos os aspectos.

    Não sou pessimista, mas cautelosa. Não quero deixar o leitor com gosto amargo na boca, tampouco que saia com um pirulito colorido na mão. Cautela não faz mal a ninguém.

    Eu vos alerto para uma coisa, camaradas bipolares. Não se espelhem nas minhas experiências nem nas de ninguém. Você é um maluco único, original, DOC, portanto, sabe o que é melhor. Terapia, psicólogos, psiquiatras, bolinhas, esportes, chocolate, sexo (com amor ou sem), *bungee jumping* (acho é fixação por esse troço), escrever (depois rasgar?), pagar mico como artista plástica, ser dublê de escritora, dar chilique, tomar todas, se encafuar (adoro essa palavra – ai, palavras, vocês são tão amigas) no quarto, dormir até o mundo acabar, chutar o balde, mandar aquele emprego horrível às favas; olha, qualquer coisa desde que você se sinta bem.

Eu não sei nada, mas tenho a certeza de querer o mesmo que você. Ser feliz, fazer bastante sexo (com amor, de preferência), comer chocolate ou qualquer guloseima que lhe faça a cabeça, beijar na boca, namorar, produzir, aprender, ser do bem, dar risadas, dormir bem e gostoso e ser um bichinho legal, desses que são *zen* e que dormem à toa no colo da gente com apenas dois carinhosinhos no cangote. Faça o que tiver que fazer, tome o que tiver que tomar, procure ajuda onde achar que está, a vida é sua e as opções também. Há muita gente podre no mundo, mas há muita gente legal. Eu mesma, com todos os meus problemas, me acho legal porque eu tenho um coração de manteiga, sou emotiva e carinhosa.

Não sou invejosa e, por incrível que pareça, fico totalmente decepcionada com o fracasso do meu melhor amigo, diferente do que o Woody Allen afirma, para ele ninguém fica totalmente desapontado com o fracasso do seu melhor amigo. Sou sarcástica e ferina, manipulo bem as palavras, mas tudo isso não passa de uma carapaça para me proteger dos malvados dragões da mediocridade e da incompetência. Você tem as suas próprias armas. Eu não sei nada, só sei de mim, de nós, de todo mundo (Pra não dizerem que é plágio, é *Secos & Molhados* mesmo). Também viver preso a uma senha é ser enganado. Soltar o ar no fim do dia é muito bom, mas perder a vida, não, não é bom não. Adoro essa canção, meu filho odeia. Bem, ele só tem 11 anos e tem muito que aprender.

Arte e bipolaridade ou vice-versa

A exposição "Colas, colagens e outras traquinagens"

Depois de fazer as pazes com meu marido, fomos fazer uma viagem. Primeiro fomos a Paris – parada obrigatória para ambos –, depois à Dinamarca. Eu estava feliz, parecia pinto no lixo. Fazia um frio horrível, mas nada abalava o meu bom humor.

Adoro tirar fotos de pichações de muros e de reparar na arte de rua dos países que visito e costumo comprar umas lembrancinhas. Numa dessas livrarias maravilhosas, onde sou capaz de passar o dia (e a noite), havia um calendário e gravuras interessantíssimas de artistas desconhecidos, arte popular mesmo. Fiquei doida pelo calendário e pedi que meu marido comprasse para mim. Ele me olhou assim com aquele ar de "lá vem ela" e disse que daqui a alguns meses ele iria abrir uma gaveta e ia dar de cara com uma pilha de coisas guardadas que eu comprava em viagens, como "inspiração" e depois não fazia nada com elas.

Bem, só de raiva eu comprei alguns materiais, digamos, "artísticos" e comecei a fazer uma colagem. Coloquei o Bob Dylan bem no centro – ele adora esse compositor – com um balãozinho, como se estivesse cantando, e fiz alguns rabiscos, colei outras coisas; enfim, uma colagem.

Mandei colocar uma moldura e coloquei o fundo preto. Fui buscá-lo no trabalho um dia, disse que tinha uma surpresa e lhe dei o quadro. Ele ficou olhando admirado e me perguntou: "Claudia, você fez isso?" Eu disse: "Claro". Ele me respondeu que estava muito bom e que eu tinha uma excelente noção de composição. Vocês não fazem ideia o que é ouvir isso do meu marido. Ele fez artes plásticas, pós na PUC do Rio e é o cara mais crítico no que se refere à arte que eu conheço. Ele jamais diria aquilo só para me agradar, entendem? Ele disse que eu devia fazer mais. Empolgada, fiz um monte. Montei uma exposição.

Deu pano pra manga. Fui entrevistada na rádio, no jornal e vendi vários quadros. Fiquei emocionada com o primeiro que vendi. A compradora queria me conhecer pessoalmente, ela também é bipolar. Fiquei profundamente emocionada com o que ela me disse. Ela me falou que o quadro "a tocou" de uma maneira especial e eu fiz aquele quadro com tanto amor.

Uma perfeita desconhecida comprou meu quadro e depois fez um jantar só pra me mostrar como tinha ficado lindo na sala dela. Gente, é um sentimento especial, nem sei como descrever. Conversamos horas a fio e descobri nela uma pessoa meiga e doce, marcou profundamente. Ela é uma camarada bipolar e tínhamos muitas coisas em comum.

Eu fiquei pensando como esses artistas que comovem tantas pessoas se sentem. Deve ser uma coisa bacana... Já imaginou a energia que recebem? As lágrimas de emoção, os suspiros, os sorrisos? Eu sobrevivo de plágios desses poetas maravilhosos e de sôfregos soluços das emoções que me causam. Eu não seria nada sem a poesia, a prosa, as cenas, as palavras, o riso, o amor e a emoção da arte em minha vida, não da minha, mas de todos os poetas e artistas do mundo, de qualquer cor e nação.

Um homem comprou outro quadro e quis me conhecer também, disse que eu passava muita verdade nos meus quadros. Eu brinquei e disse que não era artista, apenas uma dublê de artista plástica. Ele me respondeu que eu era mais que isso, estava enganada e tinha uma veia artística fortíssima, pois meus quadros tinham personalidade. Não vendi para nenhum amigo, só meu camarada bi comprou pra me ajudar, mas ele diz que todo mundo acha lindo e nega que foi para ajudar – o que eu acho lindo da parte dele. Eu acabei dando outro de presente para diminuir o prejuízo!

Recebi encomendas e fui convidada a dar uma palestra no curso de Artes da Universidade Federal. Queriam que eu explicasse minha técnica. Bem, eu entrei numa espécie de transe, fiz tudo em um mês, às vezes virava a noite. Não planejei nem um quadro sequer, usei minhas referências e foi muito legal porque só depois percebi. Então eu contei como foi, não tenho nenhuma técnica mirabolante e rebuscada. Meus quadros refletem quem eu sou, o que sinto, o que gosto e se algum deles toca o coração de alguém, o meu também se enche de alegria, podem estar certos.

Um rapaz gostou muito de um, mas não tinha dinheiro para comprar, então eu dei de presente, porque senti que havia gostado de verdade. Prefiro dar para alguém que os aprecie assim do que vender, apesar de precisar do dinheiro.

Um artista plástico capixaba contou uma história interessante ao meu marido. Ele disse que na China, muito tempo atrás, um homem rico encomendou a borboleta mais linda do mundo a um artista. O artista disse que a faria, mas precisaria de cinco anos. O homem se surpreendeu, mas concordou e deixou pago. Cinco anos depois, o homem voltou para buscar sua borboleta. O artista disse que ainda não havia feito nada. O homem ficou indignado, mas o artista lhe pediu que esperasse cinco minutos e nesse tempo ele desenhou a borboleta. Depois perguntou ao homem se era a mais bonita do mundo. O homem, boquiaberto, disse que sim. Moral da história: Nada surge do nada e nem de repente, tudo é um acúmulo de vivências e referências.

Não quero dizer com isso que sou uma artista plástica, mas a verdade é que, quando olho o que fiz, reconheço as referências acumuladas. Há um quadro que chamei *Gustav Klimt – I love you*, porque só depois me dei conta que fui totalmente influenciada por esse artista que usa muito dourado e negro em seus quadros. Quando morava na Áustria, onde estive por um ano, eu fui a uma exposição dele e achei magnífico o seu trabalho.

Percebi também, em algumas composições eu faço uma coisa meio Hundertwasser, um arquiteto e artista austríaco que construiu uma casa muito louca e nunca mais saiu da minha cabeça. Em outros, noto que tem coisa do design dinamarquês pelo qual fiquei tão fascinada, assim como as cores da Tchecoslováquia.

Fiz um passarinho e lhe dei o nome *Pássaro Solitário*. Só depois percebi que aquele passarinho era eu e como eu me sinto solitária às vezes. O passarinho acabou definindo meu estilo, quis fazer algo minimalista (eu, toda metida à besta) e, quando ficou pronto, não gostei do resultado e pichei o vidro. Depois me arrependi, fiquei com pena do passarinho; afinal, era feinho, mas era minha criação. Tentei tirar o spray com a ponta da chave, não consegui, mas notei que dava um efeito sensacional. Liguei para minha mãe e perguntei se aquilo saía e ela disse que só com solvente – minha mãe é uma verdadeira "safa-onça", sempre dá um jeitinho em tudo. Até conseguiu colar meu vaso de alabastro, que vim arrastando desde o Egito e chegou esfacelado!

Daí passei a pichar praticamente todos os quadros – por fora. Nunca tinha visto em lugar algum, o que não quer dizer que não exista, porque ninguém inventa mais nada hoje em dia, mas reinventei no meu estilo.

Essa exposição foi importante para mim. Por meio dela, conheci pessoas especiais. E também foi bacana essa coisa de vender quadros, porque as pessoas nem me conheciam.

Eu recebi até um tal de "voto de louvor" de um vereador e nem sabia o que era, mas descobri que é coisa boa. Obrigada, foi muito legal receber energia positiva, eu nunca dispenso.

Eu perguntei à minha mãe porque ela não me ajudou com os quadros. Ela pinta. Ela me respondeu que não queria interferir no meu processo criativo. Mãe, você existe mesmo? Minha mãe é cheia de sensibilidade...

Traquinagem – e das boas!

Tenho uma amiga que tem um bar-restaurante que é um barato. Ela cozinha muito bem e o ambiente me lembra alguns cafofos europeus cheios de charme. Ela cozinha, serve, limpa, recebe as pessoas e ainda põe a música. Ela cozinha que é um espetáculo!

Bem, nessa onda de "artista plástica", deixei uns quadros no bar dela e ela me pediu que "pichasse" o banheiro. Aí, vocês já podem imaginar, né? Fiquei empolgada e saí pichando tudo! Ela ficou revoltada e eu disse que mandaria pintar tudo.

Bem, quando estava saindo, um rapaz em uma barraquinha vendendo verduras se ofereceu para pintar e eu, para não ser grosseira com ele, disse que fizesse um orçamento, mas eu já tinha um pintor de confiança.

A louca da dona do *restô* pirou e fez um escândalo! Disse que eu ia mandar o verdureiro pintar o bar dela! Que doida! Será que ela é bipolar também!? *Putz*, fiquei furiosa! Tratou mal o pedreiro que nada tinha a ver com o caso, que coisa feia! Fiquei zangada com ela, mas quase tive um treco de tanto rir! Disse que aquilo era uma verdadeira "traquinagem". Meu irmão tem um senso de humor bem legal. Ele me disse: "Vem cá, minha traquinas". Eu sentei no colo dele e ele falou: "Você é 'maluquete', mas eu amo você assim mesmo!". Eu acabei rindo e deixando pra lá.

Ela é louca, quando começa a falar de uma coisa enche o saco de qualquer um, mas eu também sou, então está tudo em casa! Espero que ela fique calminha, já vai estar tudo pintadinho e tal. Não fique zangada, amiguinha, afinal, sou bipolar! Mas acho que ela exagerou na loucura... E depois eu é que sou a louca. Destrata os pedreiros e as pessoas que foram lá ajudar... *putz!*

O "traquinas" se foi...

O dia 28 de abril de 2010 é um dia que marcará para sempre a minha vida.

Sabe aquele irmão que sofreu um acidente e quase morreu? Pois é, recebi um telefonema de minha irmã dizendo que ele havia morrido por volta das cinco da manhã em um acidente. Ele colidiu contra um caminhão de combustível, que por sorte não estava carregado, e morreu na hora, esmagado nas ferragens...

Eu não sabia como exprimir como estava me sentindo. No aeroporto, em São Paulo, peguei o primeiro voo que consegui. Eu não sabia como consolar minha mãe. Estava profundamente abalada, mas tinha que ser forte para ela. Ela precisa muito do meu apoio. Não somos preparados para a morte de ninguém, mas para a de um filho, menos ainda, é um contrassenso.

Meu irmão era o traquinas da família. Aprontava poucas e boas, mas era um cara de grande coração, generoso e batalhador.

Eu me lembro de uma vez em que ele pegou o Fusca do meu pai escondido (tinha apenas 12 anos) e atravessou uma praça com ele. Dá para acreditar? Tudo que acontecia de ruim no bairro, do tipo "janelas despedaçadas" e mil outras coisas, era ele o culpado. Era mesmo um "capetinha.

Outra vez nós fugimos para ir a uma discoteca – meu pai não havia permitido –, e lá entramos em um concurso de dança. Nós praticamos durante meses e ganhamos o primeiro prêmio, um aparelho eletrônico do qual não me recordo. Uma hora bati a cabeça, no meio do frenesi, e me machuquei um pouco, mas rimos muito e nos divertimos.

Quando chegamos em casa, meu pai estava nos esperando "para ter uma conversa muito séria", mas nós o presenteamos com o tal aparelho e aplacamos um pouco sua fúria.

Ele era irreverente e adorava quebrar regras. Meu pai não era de bater, mas às vezes batia nele (e depois ia chorar no banheiro – exatamente como faço com meus filhos quando merecem uma palmada). Ele também era muito implicante e fazia da vida de meu irmão caçula um verdadeiro inferno. Eu me lembro das maldades que ele fazia. Ele era um suplício na vida do meu irmãozinho.

Ele tinha o dom de irritar qualquer pessoa. Uma vez, em nossa casa de praia, eu estava tomando banho após ter chegado da praia e o boxe era do lado de fora, aberto em cima. Pois bem, sabe o que ele jogou em cima de mim? Piche! Quase fiquei careca!

Outra vez ele desentupiu a pia com a minha escova de dentes! Por que não usou a dele? Fiquei furiosa e ele, para remediar a situação, lavou a escova com água fervendo, o que fez com que ela ficasse com as cerdas todas "arreganhadas". Inacreditável!

Meu pai certa vez lhe deu uma palmada por causa de uma de suas travessuras e meu irmão virou-se para ele e disse: "Cagão!". Detalhe: ele tinha quatro anos e nunca havia falado sequer uma palavra. A primeira que disse foi "cagão" e papai acabou morrendo de rir e contente porque constatou que ele não tinha problema de fala.

Surra mesmo foi quando ele chutou a cristaleira (estava calçando botas, daquelas ortopédicas de antigamente, sabe?). O vidro se espatifou em mil pedaços e ele ainda por cima respondeu a papai, que saiu do sério e lhe deu uma merecida sova.

Ele tinha o corpo coberto de cicatrizes. Subia em tudo, escalava muros, entrava no quintal dos outros para catar frutas, estava sempre pelos telhados e era péssimo aluno. Eu, um ano mais nova, o alcancei de série e ainda fiquei uma adiante, já que ele era sempre reprovado. Não gostava de estudar, era rebelde, fazia verdadeiras loucuras, implicava com os irmãos, com os sobrinhos, ninguém escapava.

Tinha péssimas amizades e nunca ouvia conselhos, mas o coração de ouro, tirava a roupa do corpo para dar para os outros. Nunca se meteu com drogas, mas algumas bebedeiras não passaram em branco. Era irreverente, teimoso, difícil.

Depois de casado e com dois filhos, ele ficou desempregado por muito tempo. Aí resolveu "botar pra quebrar" e passou no concurso para agente da polícia federal. Foi a glória, meu pai ficou tão orgulhoso dele.

Ele se acidentou de moto e de carro incontáveis vezes. Teve um acidente com uma "CB 400", que era seu sonho de consumo, na Vieira Souto (RJ) e ficou com uma enorme cicatriz na perna direita. Foi grave e ele quase foi desta pra melhor. Nunca conheci uma pessoa tão teimosa em toda a minha vida. Acho que nunca mais vou conhecer.

Pois é, meu companheiro de travessuras, você partiu meu coração... Como pôde me abandonar assim? Você era um gato de sete vidas, por que gastou todas? Por que não reservou a última para passar mais tempo conosco? Por que foi tão teimoso e insistiu em dirigir? Adorava carros, motos e essas coisas de meninos.

Brigávamos muito quando pequenos e adolescentes, mas na fase adulta éramos amigos. Ele me achava linda e me dizia isso todos os dias. Adorava me exibir para os amigos e fingir que eu era sua namorada. Assim como meu pai, dizia sempre que me amava.

Eu te amo também, mano. Leve consigo o meu amor. Você podia ter mil defeitos, mas tinha muitas qualidades especiais pra mim. Eu nunca hei de perdoá-lo por ir embora assim sem mandar aviso. Isso não se faz, Fabovisky. (Era assim que eu o chamava carinhosamente, porque dizia que ele parecia um agente da "KGB" com aquele uniforme).

Final feliz – e duende existe sim, eu já vi, juro!

Meu sofrimento me ajudou a crescer e aproveitei para escrever outro livro – calma gente, não sei se vou conseguir publicá-lo, só se este fizer sucesso. No meu caso, estou tentando canalizar minhas forças para o lado bom e não para *the dark side of the force* (o lado negro da força), referência ao filme *Guerra nas estrelas* e à queda de Darth Vader, o vilão da trama que se deixou tentar pelo mal. Ai, que apelo tem o lado negro da força. Eu sei, eu sei... Estou apenas tentando ser sensata.

É curioso como a dor tem o poder de arrancar o melhor que temos quando já nos encontramos predispostos, como é o meu caso. Estou tratando meu projeto de forma muito carinhosa, vendo detalhes, pesquisando coisas, lendo, assistindo milhões de filmes, enfim, me entregando de verdade.

Devo confessar que é mentira. Tirando a pesquisa, que foi de fato cuidadosa, eu escrevo num frenesi. Não releio nada; deixo para o pobre editor apagar o que achar que deve, porque fico com medo de estragar o que está bom e deixar só as besteiras. Definitivamente, não tenho bom senso e não confio em nada do que faço.

Quanto ao final feliz, bom, ser feliz e bipolar são coisas compatíveis. Ninguém é feliz o tempo todo, ou você acha que alguém é? Ser feliz é atitude que nem sempre é correta, mas nunca ninguém se cansa, tirando os suicidas, de buscá-la. Continuem tentando, lembrem-se do AA: um dia de cada vez – e isso vale para os normais também!

Finalizo dizendo que é melhor esquecer aquele pirulito, camarada bipolar. Pegue logo um sorvete de chocolate bem grande. Quer melhor? Aliás, sorvete de chocolate com amêndoas é a maior maravilha do mundo. Ler um bom livro também. Foi bom pra você como foi bom pra mim? Alguém me contou que Chagall, em uma de suas últimas entrevistas, disse que tudo valeu por causa do amor, que tudo o que fez foi por amor. Achei isso intenso, bonito e ao mesmo tempo simples. Este livro é fruto do meu sofrimento, mas ele também é fruto do meu amor. Ele é meu "filhinho" e tenho muito carinho por ele. Quero que o meu amor por ele se espalhe e atinja você, leitor, porque, acima de tudo, eu amo escrever.

INFORMAÇÕES SOBRE NOSSAS PUBLICAÇÕES
E ÚLTIMOS LANÇAMENTOS

Cadastre-se no site:

www.novoseculo.com.br

e receba mensalmente nosso boletim eletrônico.

Impresso nas oficinas da
SERMOGRAF - ARTES GRÁFICAS E EDITORA LTDA.
Rua São Sebastião, 199 - Petrópolis - RJ
Tel.: (24)2237-3769